투명한
 그리움

현대수필수필작가회 제20집

투명한 그리움

정목일
반숙자
김은숙
조설우
김정택
이부림

나무향

| 머릿말 |

그리움은 쌓여가지만

첫 동인지를 낸 때가 1994년 1월이었습니다. 회원들은 전국에 흩어져 자주 뵙지는 못했지만 「현대문학」의 한 뿌리 인연으로 현수목現隨木은 늠름하고 의연하게 잘 자라고 있습니다. 이번에 부족하지만 제20호를 냅니다. 기념호로 생각하시고 애정을 되살려 진지하고 널리 읽어주시기를 바랍니다.

주렁주렁 열리던 감귤나무도 해걸이에 걸릴 때가 많습니다. 해마다 자라고 보니 지력도 떨어집니다. 적당히 거름도 주어야 하고, 흙도 갈아주어야 하는데 노력이 모자라면 그렇습니다. 연간이던 우리 회지는 지난 2013, 2014, 2016, 2019, 2021년도에는 나오지 못하였습니다. 물론 『꽃노을』과 『은빛 풍경』으로 맥은 이었지만 안타깝게도 대부분 노령기로 접어들어 예전의 풋풋한 열정과 아름다운 이상은 사그라들고 있음을 부인할 수는 없습니다.

그러나 이번 호에서 '투명한 그리움'을 발견하였습니다. 세월은 홀홀히 또 지나가고 서산의 해는 저물고 있지만 한갓 그리움은 간절한 까닭입니다. 그리고 코로나19 사태까지 겪는 동안 저희들은 무리지어 다니지도 못했고 현대감각의 수준에 애써 맞추려고도 하지 않았습니다.

돌이켜 보면 그동안 회원 중에는 수필문단의 원로로 작품 활동을 계속하고 계신 분도 적지 않습니다. 저희들은 다만 나태하거나 타락하거나 그릇된 삶의 글을 경계하고 있을 뿐입니다. 수필가만의 독특한 세계와 관점과 개성을 살리고 혹은 작품 속에 재미와 감동을 얻고 싶었을 뿐입니다.

이번에 여러 사정으로 참가하지 못한 회원께서는 다음 기회에 함께 참여할 수 있기를 기대합니다. 그동안 애써주신 회원 여러분과 편집을 맡아주신 선수필 정하정 주간님께 감사의 말씀 드립니다.

2022년 12월
현대문학수필작가회 회장 김정택

차 례

| 머릿글 | 그리움은 쌓여가지만 / 김정택 4

11 /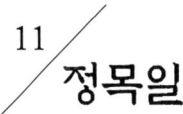

세한도歲寒圖
투명한 그리움
길위에서
여행의 기쁨

29 /

빈집의 노래
어부님
휴스턴에 보낸 5월

47 / 김은숙

센강, 그 찬란한 빛
푸른 바다가 날 부르고
운주사 와불이 일어서는 날
아름다운 뒷모습
큰 엉 외 2수

67 / 조설우

어느 봄날에

73 / 김정택

소쿠리의 쓰임새
찔레꽃 향기
소나무야, 소나무야
우도牛島가 다섯 곳
동백꽃 배지
저 작품은 얼마짜리일까

105 / 이부림

오래전 작은 꿈들
상상은 자유
습관의 대물림
젊은 언니들

정목일

세한도 歲寒圖
투명한 그리움
길위에서
여행의 기쁨

namuhae@hanmai.net

1975년 〈월간문학〉에 수필 당선
1976년 〈현대문학〉으로 수필 천료

한국문학상, 조경희문학상, 원종린문학상, 흑구문학상,
신곡문학상, 남촌수필문학상

전) 한국문인협회 부이사장,
〈선수필〉 발행인

저서 『남강 부근의 겨울 나무』 『달빛 고요』 『대금 산조』
『침향』 『마음 고요』 『모래밭에 쓴 수필』
『햇살 한 숨 향기 한 숨』 『나의 한국미 산책』 『나무』
『아름다운 배경』 『잎의 말』 등 30여 권

세한도歲寒圖

　겨울 들판의 움막 한 채-. 산은 묵언정진默言精進 속에 빠져 있다.
　추사秋史의 세한도를 본다. 추사 김정희(1786~1856)는 실학자로 청나라 고증학의 영향을 받아 금석학을 연구하였다. 그는 추사체를 만들었고 문인화의 대가였다. 눈보라와 비바람을 막아줄 수 있는 최소한의 거주 공간인 세한도의 움막-. 움막 한 채는 추사 자신일지 모른다. 산은 만년 명상을 가졌으면서도 겨울이면 어김없이 동안거冬安居에 들어 면벽수도面壁修道에 임한다.
　초당 앞에 소나무는 어깻죽지가 꺾어져 있다. 뒤편의 잣나무는 고개를 들고 청청하다. 귀청을 울리는 바람 속에 어깨 무너져 내린 소나무는 구부정하지만 푸른 기세는 여전하다. 잣나무는 하늘을 향해 일직선으로 치솟아 있다. 꺾어진 소나무는 늙은 몸으로 귀양살이하는 추사의 모습이고, 싱싱한 잣나무는 젊은 제자의 기상을 그린 것일까. 세한도는 즉흥적인 그림이다. 일체의 수식과 과장을 떨쳐버렸다.

나무들은 가진 것을 다 내놓아야 혹독한 눈보라와 혹한을 견뎌낼 수 있나 보다. 겨울이면 소나무, 잣나무 등 상록수들이 독야청청獨也靑靑을 뽐내는 게 아니라, 시련을 견뎌낼 인고의 자세를 취하고 있다.

세한도는 간단명료하다. 더 이상 축약할 수 없는 세계이다. 초당과 앞뒤 편에 소나무 두 그루와 잣나무 두 그루로 삼각구도를 이룬다. 추사가 단숨에 그린 작품이다. 세 개의 공간 분할로 생겨난 여백은 침묵 속에 빠진 산의 모습이고, 자신의 사색 공간을 보여준다. 세한도는 고도의 압축과 감정의 억제를 보인 작품이다. 추사의 삶과 마음을 여실히 보여준다. 이 작품은 자신의 유배 생활의 삶과 풍경을 담아놓은 마음의 자화상自畫像이 아닐까.

추사는 제주 유배지에서도 청나라의 최신간 서적을 읽을 수 있었다. 제자인 역관 이상적李尙迪이 중국에서 구해와 보내준 것이었다. 그는 제자로부터 120권 79책에 달하는 '황조경세문편皇朝經世文編'을 받고는 크게 감격했다.

추사는 답례로 작은 집 옆에 벼락 맞아 허리 꺾인 낙락장송이 겨우 한 가시 비틀어 진명을 보존한 형상을 그린 세한도를 이상적에게

세한도歲寒圖

주었다. 세한도歲寒圖는 불이선란도不二禪蘭圖와 함께 김정희 그림의 쌍벽을 이루는 작품이다. 갈필渴筆과 검묵儉墨의 묘미가 절묘하게 어우러진 문인화로서 국보 제180호로 지정되어 있다.

추사가 벼슬살이를 할 적에는 당대 최고의 명필이요, 금석학자로서 문화계의 중심인물이었다. 당대 최고의 지식인의 한 사람이기도 했다. 제주도 유배 생활은 지금까지 누려왔던 여유로운 삶과의 단절을 의미했다. 추사는 삶의 겨울을 맞아 고독과 절망의 어둠 속에서 뼈저린 소외를 맛보았다. 그는 유배지에서 자신의 삶과 서예에 대해 진지한 성찰의 시간을 보내곤 했다.

추사는 가슴이 꽁꽁 얼어붙는 듯 아픔을 느꼈다. 지금까지 중국 서체를 흉내 내는 데 급급했던 자신의 모습이 우습게만 여겨졌다. 중국 문화권에 빠져서 남의 문화를 답습하고 흉내 내던 모습이 부끄러워졌다. 추사는 한국의 서체를 얻어내고 싶었다. 한국의 산, 강, 들판, 한국인의 성격에 맞는 선과 형태와 느낌을 담아내고 싶었다. 우리나라 자연과 민족의 마음이 담긴 서체를 창안해 내고 싶었다. 그의 가슴에선 번개가 치고 하늘을 뒤집고 천둥이 울렸다. 당대의 명필이란 허울과 명성을 벗어버리고, 우리나라 자연과 기후와 마음으로 빚어낸 글씨를 써보고 싶었다.

산 능선, 강물의 유선流線, 기와집 초가집의 선들이 이루는 온화하고도 힘찬 맥박과 감정을 서체에 담아보고 싶었다. 민족의 기개

와 흥과 멋과 마음을 꽃피워내고 싶었다. 추사 서체는 제주도 유배 생활에서의 고독과 소외가 준 성찰과 자각의 소산이었다. 대화자도 없는 유배지에서 절대 고독과 명상은 참다운 예술세계의 길을 얻게 한 계기가 되었을 터이다.

예술가의 양식糧食은 고독과 침묵이다. 추사는 중국 명필과 서체를 익히느라고 임서臨書를 통한 절차탁마切磋琢磨로 세월을 보내온 사람이었다. 중국의 6체는 중국의 멋과 흥과 미와 중국의 자연경관과 문화 전통이 어울리어 빚어낸 서체임을 깨닫게 되었을 것이다. 거대한 중국 문명 속에 편승되어 있는 자신을 발견하고 망연자실茫然自失 하였으리라.

그의 제주도 유배 생활은 곧 세한도의 세계임을 말해준다. 아무도 찾아오지 않는 침묵과 소외 속의 삶이다. 그는 고독과 소외 속에서 영화와 권력에서 벗어나 자신의 참모습과 해야 할 일을 찾아내었다. 사대사상과 강대국 문화에 젖어 있던 자신의 초라한 모습을 깨달았다.

추사는 겨울 한파에 어깻죽지가 꺾여 내려앉은 구부정한 몸으로 세한도의 초당에 들어 침묵의 한복판에 앉아 붓을 들었을 것이다. 막막한 바다를 바라보며 붓을 멈추지 않았을 것이다. 세한도 초당과 소나무는 동안거에 들어 오랜 침묵 속에 빠져 있는 자신의 모습이 아니었을까. 그는 '유배 생활'이란 설한풍雪寒風에 정신을 차려, '추사체'라는 독보적인 서체를 창안하여, 민족 서체를 내놓게 되었다.

고산孤山 윤선도, 송강松江 정철. 다산茶山 정약용 등이 모두 유배지에서 문학과 학문을 이룬 것은, 유배지에서의 고독과 침묵을 맞아들여 혼신의 집중력으로 독자적인 꽃을 피워냈기 때문이다. 깨달음의 집 같은 세한도의 초당 한 채를 스스로 지어내려면, 안락과 호사만으로 안 된다. 영혼을 단련시키는 시련과 고통을 겪어낼 세월이 있어야 한다. 겨울 들판에 어깻죽지가 부러진 소나무가 돼 보아야 한다. 모든 것을 버린 침묵과 고독 속에서 마음의 꽃이 피어난다.

겨울 들판의 움막 한 채-. '세한도'란 깨달음의 마음 풍경이 다가온다. 추사가 손에 붓을 든 채로 문을 열고 나오고 있다.

투명한 그리움

마음속에 맑은 거울을 하나 갖고 싶다.
맑아서 눈물이 돌고 그리워서 사무치는 가을 하늘처럼
깊어졌으면 좋겠다.
얼마나 쉼 없이 갈고 닦아야 가을 하늘처럼 될까.
들여다보기만 하면, 미소가 번져 흐르고,
음악이 울려나올 수 있을까.
삶의 속기와 얼룩이 더덕더덕 묻은 거울을 깨끗하게 닦아내고 싶다.

마음속에 종을 하나 달아두고 싶다.
한 번 울리기만 하면 고통과 슬픔도 사라지고
마음속으로부터 깊은 향기가 퍼져 나왔으면 좋겠다.

듣기만 해도 낭랑하고 은근하여서 마음의 문이 열리고,
신비음을 들을 수 있는 맑은 귀가 있었으면….
어떻게 하면 양심의 종을 달아놓을 수 있을까.
일 만 관貫의 허욕을 버리고 일 만 관貫의 적선積善으로
종 하나를 만들 수 있다면,
한 관貫의 적선도 못 가진 나로선 이룰 수 없는 일이다.
마음속에 종을 울려서, 또 울릴까 귀대고 들어보는
은근한 그리움으로 누구에게라도 다가가 다정히 손잡고 싶다.

마음속에 정갈한 그릇을 하나 갖고 싶다.
늘 비워 놓되,
가을이면 석류나 모과 몇 알쯤 담아두어도 좋으리라.
인생이란 그릇 하나에 무엇을 담아놓을 것인가.
무소유無所有도 결국 하나의 소유 형태며 방법이 아닌가.
누구와도 나눌 수 있는 마음의 여유를 담아두는
그릇이었으면 한다.

마음에 옹달샘이 하나 있었으면 좋겠다.
메마르지 않게 청신한 물을 마시고 싶다.
욕망과 이기의 갈증을 말끔히 없애주고

정 목 일

마음에 묻은 얼룩과 때를 씻어주는 샘물이었으면 좋겠다.
어떻게 하면 정신이 향기롭고 쇄락해지는 샘물을 뿜어낼 수 있을까.
고통의 신음을, 번뇌의 신열을, 후회의 눈물을 씻어주는
청량의 샘물이 될 수 있을까.

마음속에 꽃을 하나 기르고 싶다.
평생을 두고 한 송이 꽃을 피우고 열매를 거두기를 원한다.
한송이의 꽃과 한 알의 열매를 맺기 위해선 진실하고 겸허해야 한다.
성실의 땀과 인고의 세월을 견뎌내야 한다.
자연에 순응하면서 자신의 생명력을 다 기울여,
집중력을 투입해야 한다.
진실한 삶의 발견과 깨달음으로 얻은 빛깔과 모양으로
일생의 의미와 향기를 담고 싶다.
눈에 잘 띄지 않으나 내 인생의 성실과 명상과 눈물로 피워놓는
풀꽃이고 싶다.

나는 가을 하늘같은 일생을 갖고 싶다.
가을 하늘과 같은 거울을, 샘을, 그릇을, 꽃을
그 하늘 속으로 들려오는
종소리를···.

길 위에서

　인간은 길 위에서 사색하며 꿈꾸면서 자신의 길을 찾아가게 마련이다. 인생의 멘토가 있어서 인도하는 경우도 있지만, 자신의 선택에 따라갈 수밖에 없다.
　인생이란 한 장의 여행 티켓을 의미한다. '살아간다'는 말은 '죽어간다'는 말과 동의어이자, 반의어이기도 하다. 누구나 '일생'이란 길 위에서 임종을 맞게 되며 '삶' 그 자체는 '여행 중'임을 뜻한다. 인간은 머물 수 없는 존재이다. 어디든 길을 찾아 떠나지 않으면 안 된다. 새로운 세상을 위하여 떠나는 존재이다.
　길을 보면 떠나고 싶다. 길은 흥분과 기대를 갖게 하며, 겸손과 인내를 가르쳐 준다. 길 위에서 사색하고 체험하게 한다.
　오늘날에 와서 '걷는다'는 의미는 건강과 휴식을 위한 개념과 결

부된다. 삶의 질적인 가치와 휴식과 건강 증진을 위한 방법으로써 다가온다. 지역별로 도시별로 둘레길이 조성되기 시작한 지 몇 해 만에 많은 둘레길들이 만들어졌다. '둘레길'이란 이름의 신조어新造語는 산, 강, 늪 등 자연이나 문화유적지 등을 한 바퀴 둘러보는 길을 말한다.

현대인들은 어느새 시간과의 전쟁을 벌이며 살아가는 동안 '걷는다'는 인간 본연의 행위를 망실한 채 지내다가 건강상의 문제를 유발시키는 부작용을 맞게 되었다. 걷지 않고는 육체적인 건강을 유지할 수 없다는 것을 알게 됨에 따라 공원이나 산책로는 도시의 필수적인 환경 요건이 되었다. 시민들의 휴식과 건강을 위해선 도시의 대표적인 둘레길 조성이 필요해졌다.

한국에 있어서 둘레길의 시초는 제주도 '올레길'이다. 이 올레길은 제주도 출신의 한 여행가가 스페인 산티아고를 찾아가는 성지 순례길을 다녀와서 제주도 명승의 진수를 보여주기 위한 산책로를 몇 년에 걸쳐 조성한 끝에 빛을 보게 되었다. 제주도 올레길을 걷기 위해 전국의 수많은 관광객이 모여들자 제주도의 관광산업도 활기를 띠게 되었고, 세계에까지 알려지게 되었다. 관광지로서의 파급효과까지 얻게 되었다. 이에 따라 전국의 지역단체마다 고장의 명소를 중심으로 둘레길 조성을 착수하여 시민들의 건강과 삶에 활력을 불어넣게 되었다.

길이란 열려 있지만 마음이 닿지 않으면 갈 수가 없다. 길을 가려면 마음의 여유가 필요하고 속도조절이 있어야 한다. 처음부터 바쁘게 서둘 까닭이 없다. 앞서 간다고 해서 좋을 리 없다. 느릿느릿 걷더라도 마음의 충만과 여유가 있어야 한다. 길을 걷는다는 것은 자신의 삶을 성찰하여 내면을 들여다보는 일이다. 자신과 대화의 시간을 마련하는 일이다. 자신과의 만남과 대화를 통해 오로지 스스로 깨달아서 마음의 평온과 고요를 얻어내야 한다. 친구와 함께 가는 것도 좋지만, 혼자 가는 것이 홀가분하다.

둘레길은 자연을 만나게 해준다. 인간도 자연의 일부이건만 이를 망각하고 자연의 현상과 모습에 대해선 알려고 하지 않았다. 인간의 지혜와 지식의 모든 것은 자연으로부터 온 것이라는 것을 망각하고 있다. 자신이 알고 있는 것은 자연의 일부 모습일 뿐이다.

둘레길 걷기는 자연의 삶, 자연의 이치, 자연의 완성을 알려준다. 겸손과 성실과 최선의 길을 가르쳐 준다. 위대한 것은 자연의 조화일 뿐 개별적인 힘만으론 부족함을 깨우쳐 준다. 조화, 균형, 상생 등이 있어야 서로 무르익어 가고 완성되는 삶을 보게 된다.

구도자만이 길을 가는 게 아니다. 개척자나 선구자만이 길을 떠나는 게 아니다. 마음속에 열정과 사랑이 남아 있는 한, 인간은 길 위에서 멈추지 않아야 한다. 자신의 길을 찾아 묵묵히 떠나야 한다. 깨달음의 길을 찾아가야 한다.

정 목 일

여행의 기쁨

삶 속에 완전한 자유를 향유할 수 있을 때는 여행 기간이 아닌가 한다. 가정에서 직장으로 오가는 반복되는 삶의 무변화한 리듬에서 풀려나 새로운 시간 속으로 빠져들어 가는 것이 여행이다. 이 때문에 우리는 여행에 앞서 짭쪼롬한 흥미와 미지에 대한 기대가 뒤섞여 흥분에 휩싸이는 것을 느낀다.

여행은 삶의 규칙, 환경, 신분, 처지 등 자질구레한 일상의 터널을 벗어나 망각의 진공 속으로 들어가는 것이 아닐까 느껴진다.

여행의 좋은 점은 무어라 해도 체험일 것이다. 한 번 눈으로 보는 것이 백 번 듣는 것보다 좋다는 말이 있지만, 반복적인 일상으로부터 또한 제한된 삶의 환경으로부터 탈피하여 한꺼번에 폭넓은 체험을 겪는다는 것, 이를 통해 인생의 폭을 확대할 수 있다는 것이 여행의 선물이다.

 인간은 어떤 상황과 문화, 또는 사물을 보고 새로운 충격을 느끼고 감정의 변화를 일으키며 이것이 상상과 창조의 모티브가 된다.

 여행에 있어서 가장 중요한 것은 새로운 것을 보고 느끼는 그 자체이다. 이것이야말로 인생에 있어서 끊임없이 새로움을 추구하는 본성에 부응하는 것이며 자신의 삶에 자극을 불어넣어 활력을 갖게 하는 일이다. 여행은 많은 것을 보고 느끼게 함으로써 인생의 시각을 넓혀주며, 인생의 안목을 확대해 준다. 자연, 인종, 문화, 종교, 삶과 죽음에 대한 통찰력을 갖게 하고 보지 못해 모르고 있었던 것에 대하여 새로운 발견과 깨달음을 갖게 한다.

 지혜를 원하는 자는 깨달음을 얻기 위해 구도求道의 길을 떠난다. 길을 떠남으로써 아집과 편견으로부터 벗어나고 폭넓은 시각과 인생관을 터득할 수 있다.

 길 떠나는 사람은 체험을 통해 진리를 얻고자 하는 사람이다. 짧은 생애 속에 영원을 수용하는 장치로서 여행과 독서만큼 좋은 방법은 없으리라.

 여행의 체험에서 그 핵심은 만남이다. 새로운 시간과 공간 속에서 수많은 낯선 사람들과의 만남, 자연과의 대면, 문화와의 부딪힘, 현재와 과거가 쌓아 놓았던 삶의 흔적들을 목격하는 일이다.

 여행이란 배를 타고 시간의 물살을 지나가는 것과 같다. 스쳐 가는 것의 아름다움, 순간 속에 파노라마처럼 섬광처럼 지나가는 영감, 삶의 회상 속에 떠오르는 사람들….

'이렇게 인간은 사라져가고 과거가 되는 것이로구나.' 하는 것을 느끼게 된다.

문화라는 것은 결과적으로 삶의 총체적인 모습이며 현재진행형으로 나가고 있지만, 이것은 과거로부터 끊임없이 한 발짝씩 걸어온 것이 아닌가. 그 발걸음이 '역사' '전통'이란 것으로 문화유적이 되어 곳곳에 놓여 있다.

역사와 문화와 만나고 그것들을 쌓아 올린 삶과 죽음의 연속선상에서 내 인생을 발견한다. 죽음에서 삶은 이어지고 삶은 죽음 속에서 다시 태어나 역사와 문화를 번식해 나가고 있음을 본다. 나 또한 그 순환의 거대한 한 인간으로서 나그네가 되어 지나갈 뿐….

여행은 삶에 아름다움을 발견하고 미학美學을 창조하게 한다. 보다 아름다움에 도달하는 것, 새로운 미美를 만들어 내는 것이 문화 발전의 목적점이 아닐 수 없다.

인간은 자신의 삶이 아름다워지길 열망한다. 그러기 위해선 우선 아름다운 광경을 눈으로 보는 것만큼 중요한 일도 없다. 절경지를 찾아 직접 보고 느끼는 일, 미술관, 박물관을 관람하는 일, 문화유적지를 답사하는 것은 결과적으로 동서고금을 통하여 발견하고 창출한 아름다움을 내 인생에 수용해보려는 데 있다.

여행에 있어서 또 하나의 중요한 체험은 시·공간의 만남과 느낌이다. 시·공간이 인간의 삶을 구성하는 씨줄과 날줄이며 그 제한된 생명줄로써 '인생'이라는 각자의 천을 짜고 있다는 것을 절감한다. 그 천 위에 어떤 색깔의 문양을 그려놓을 것인가는 어디까지나 개인적인 역량에 달려 있다. 남겨진 천이 보잘 배 없어 시·공간 속에 대부분 삭아 사라져버리고 말지만, 어떤 천은 미美의 광채로 시간을 뛰어넘어 영원 속에 존재하고 있음을 본다.

인생은 어차피 나그네가 아닌가. 태어날 때부터 인간은 목적지를 알 수 없는 여행길에 나선 존재다. 삶의 길, 막다른 곳에 '무덤'이란 표식을 남겨놓을 뿐이다.

여행을 생각하면 가벼운 흥분이 인다. 길은 열려있고 '떠나라'고 말하고 있다. 새로운 세상이 손짓하고 기대와 흥분이 마음을 이끄는 곳, 새로운 여행지를 향해 나는 길을 떠나고 싶다.

반숙자

빈집의 노래
어부님
휴스턴에 보낸 5월

bandal0806@hanmail.net

〈한국수필〉과 〈현대문학〉(1986년) 천료

제1회 월간문학 동리상, 한국문협 조연현문학상,
현대수필문학상 외 다수

한국문인협회. 국제펜클럽 회원. 수필문우회 회원

수필집 『몸으로 우는 사과나무』 『거기 사람이 있었네』 외 6권

빈집의 노래

몸은 아파트에 두고 마음은 농막에 삽니다. 반지꽃이 뜰을 가득 채우는 요즘, 베란다에 나가면 해지는 줄 모르고 먼 산을 바라봅니다. 그 먼 산 바로 밑에 두엄 내 그득한 농막이 있고 잡초가 우거진 사과밭이 있기 때문입니다. 집으로 올라가는 비탈길에는 주목이 파란 주단을 깔아놓았을 테고 언덕에는 산당화가 날 기다려 송이송이 피었겠지요. 안 봐도 눈에 선한 농막 뜰, 화단이랍시고 붙여놓은 풀밭에는 지금쯤 삼잎국화가 지천으로 퍼지고 있을 것입니다.

왜 이렇게 목마르게 그리운가요? 가 봐도 사람은 없고 정적만 도는 외딴 터 빈집인데 앉으나 누우나 생각이 나니 병은 병인가 봅니다. 그곳은 45년 전의 시간이 퇴적돼 있고 기억의 단층들이 아직도 생생하게 남아 있기 때문일 것입니다.

반숙자

'안 되겠어, 이러다가 탈이 나겠어.' 나는 김밥 두 줄 싸고 과일이랑 온수 병 챙겨 택시를 부릅니다. 말릴 사람이 없으니 자유로운 몸, 모자 눌러쓰고 빈집을 찾아갑니다. 먼 데서부터 빨간 지붕이 손짓을 합니다. 가슴이 뜁니다. 반년만의 해후입니다.

마당에는 민들레가 제멋대로 피어나고 냉이랑 쑥들이 저들 세상인 양 활개를 칩니다. 바라보고만 있어도 미소가 터지는 뜰 "왜 이렇게 늦었어?" 목소리가 들립니다. 그 목소리는 어머님 목소리가 되고 남편 요셉의 목소리로도 들립니다. 아 그렇지, 우리 세 식구가 여기서 살았었지. 나는 사과 과수원 일머리를 하나도 모르는 뜨내기여서 두 분의 속을 엄청 긁었을 것입니다. 그러나 지청구를 들으면서도 처음으로 자연과 교감했고 흙을 만지는 순간순간이 경이로워 새 생명을 사는 것 같았지요. 하느님이 세상천지에 다 계신대도 믿지도 느끼지도 못한 머리만 큰 여자가 비로소 천지 만물 안에 현현하시는 창조주님을 만난 곳입니다.

보따리는 현관에 던져놓고 앞뜰 뒤뜰을 훑어봅니다. 일꾼 방 옆에 심어 해마다 몇 자루씩 따던 매실나무가 없네요. 그 뒤로 울타리 삼아 둘러심은 쥐똥나무는 부쩍 자라 엉성하지만 참새들 보금자리가 되었습니다. 장독대 옆에서 하얗게 피던 배꽃, 두 팔 벌린 간격으로 흐드러지던 사과나무는 그루터기만 반겨줍니다. 균열이 생긴 벽에 세워둔 녹슨 사다리, 과수원을 한 바퀴 돌아도 넉넉한 소독 줄, 제자리를 잃은 쇠스랑과 삽과 호미, 어른거리는 아지랑이 속 흔들리는 얼굴들. 집은 헐고 남루해 쓰러질 것처럼 야위었습니다.

  그럼에도 집은 한없이 편안해 보입니다. 일꾼들 불러 모아 사과 따고 벼 타작하던 때보다 더 넉넉해 보입니다. 나보고 너도 편안하냐고 묻는 것 같습니다. 어떻게 해야 편안해지는데요? 볼멘소리로 묻습니다. "놓아버려." 혼자서는 안 되는 일. 먼지 쌓인 마루, 휑한 방들, 바람이 제멋대로 불어왔다 불어가는 집, 누가 머물다 갔는지 흔적도 없는 집, 열쇠 없는 집, 내일은 무엇을 먹을까, 무엇을 입을까 걱정이 없는 집. 집은 기억의 오라기 다 풀어서 망각의 호수가 되었습니다.

  비어가는 것이 농막뿐이 아닙니다. 아파트에도 방 임자들이 하나씩 떠나고 빈방으로 기억의 우물만 남겼습니다. 아프고도 질긴 기억 낱낱이 고이고 고여 넘칠 때, 숨넘어갈 것 같은 절박한 몸부림을 집은 알고 있을까요? 비단 내 집만 그런 게 아닐 겁니다. 삶과 죽음의 연속선상에 사는 인생이니 집집마다 태어나고 성장하고 소멸하는 사건들이 다반사일 것입니다. 그럼에도 그러한 사건을 뼈아프게 겪으면서도 태연한 얼굴로 살아가는 우리들이 아닌가요? 그것은 대하로 흐르는 망각의 힘 때문일 것입니다.

요즘 망각의 힘에 고마움을 안고 삽니다. 사람의 기억이 시퍼렇게 살아만 있다면 기억의 창고인 두뇌가 팽창하고 말 것입니다. 그런데 아파트의 빈방에서는 농막의 허허로움이 없습니다. 모두를 놓아버린 오래된 체취가 없습니다. 아직도 인연의 끈에 매달려 있기 때문인가요?

재미있는 것은 이 허름한 농가를 보는 사람들의 반응이 다르다는 사실입니다. 오랜 인연인 어느 스님은 이곳에 조촐한 절집을 짓고 싶다고 하고 명상 수업을 하시는 수녀님은 명상의 집을, 어떤 자매님은 피정의 집을, 어떤 젊은이는 원룸을 몇 채 올리고 싶다고 합니다. 상상은 자유이니 듣고만 있지요. 우리 아이들은 저희들 은퇴하면 집을 밀어내고 별장을 짓겠다고 하는데요. 가슴이 철렁 내려앉습니다. 웃을 일이지요. 내가 천년만년 살 것도 아닌데 집에 집착하고 있으니 말입니다.

어느 교수님이 쓴 글이 있습니다. 폐허만이 줄 수 있는 어떤 기묘한 아름다움과 깊이가 있다고 합니다. 영국에 폐허가 된 커크햄수도원을 보고 말로 표현할 수 없는 특이한 느낌을 받았다고 합니다. 건물이 단지 오래되어서가 아니라, 허물어지고 퇴락한 잔해가 주는 어떤 독특한 울림이 있기 때문이라 했는데요, 우리 농막이 그렇다는 것은 전연 아닙니다. 그곳에 살던 흔적을 가진 사람만이 느낄 수 있는 친근함, 비록 허술한 농가일망정 한 세대의 삶의 터전이었고 희로애락의 산실이었던 공간이 체화된 울림이 아닐까 싶은 것입니다. 사람이 그득 찼을 때는 느끼지 못한 서늘한 포근함, 세상 무엇도 다 품어줄 것 같은 편안함. 사실은 이런 모든 것을 포기하고 그 자리에 하느님 한분만 계시게 해야 제대로 사는 것일 텐데 나는 너무 멀리 와 집으로 돌아가는 길을 잃어버린 것 같아 두렵습니다.

가르멜 재속회에서 단독회원으로 산 지 오래입니다. 가르멜 울타리 밖에서 서성이며 떠나지도 못하고 농막을 그리워하듯 기웃거리는 이유가 무엇인지 모르겠습니다. 죽을 때까지 가르멜 안에서 사는 것이 소원이지만 노력하지 않고 온전히 기도하지 않고 항구하지 않으니 하느님 보시기에 참 딱할 것입니다. 그래도 책상머리에 하늘에서 보내주신 기별인 양 쪽지 하나 붙여놓고 기쁠 때나 힘들 때나 가슴에 품고 살며 많은 은총을 체험하고 있습니다.

아무것도 너를 슬프게 하지 말며/아무것도 너를 혼란케 하지 말지니/
모든 것은 다 지나가는 것/ 다 지나가는 것/
오 하느님은 불변하시니/인내함이 다 이기느니라/
하느님을 소유한 사람은/모든 것을 소유한 것이니/

하느님만으로 만족하도다.

요새는 몸도 마음도 빈집이 되기를 꿈꿉니다.

어부님

그날 밤 우리는 조우했다. 제주도 서귀포 리조트에 들어서서 창문을 연 순간, 눈앞의 공간은 확실한 두 개의 세상이었다. 암흑과 광명의 세상, 암흑의 세계에 분배된 빛의 향연, 화면은 뚜렷한 색채로 분할된 구도로 다가왔다. 어떤 거대한 미술 전시실에 들어선 기분이었다. 눈앞에는 숲의 어둠, 그다음에는 은하수 불빛이 길게 띠를 이루고 반짝였다. 그 너머에는 명멸하지 않는 불빛들이 온밤 내 켜져 있다. 드문드문 거리를 두고 조금 가깝게, 조금 더 멀리서 그 너머는 깊은 어둠. 이상한 것은 은하수를 이룬 불빛들이 기별을 보내는 듯 명멸한다. 나를 보라고, 내가 여기 있다고.

가슴이 굳은 줄 알았다. 기쁜 일이 있어도 설레지 않고 슬픈 일이 있어도 요동치지 않는 가슴, 사실 이렇지 않았다. 작은 바람결에도 흔들리고 빗줄기도 노래가 되는 시간이 분명 있었다. 그런데 언제부턴가 심장에 굳은살이 박여 갔다. 아마도 사람을 잃은 후였지 싶다. 그가 떠나고부터 거실 커튼이 열리지 않았다. 환하게 쏟아져 오는 아침 햇살이 온몸을 찔러대는 고통이었고 외로움이었다. 집안 곳곳 그가 남긴 체취며 손길이며 목소리가 허공에서 맴돌아 육체만 없지 공존하는 생활이었다. 이 시기를 지나면서 스스로 담금질하는 것은 살아내기였다. 목숨에 대한 의무였다. 그러는 사이 자신도 모르게 감성이 굳어간 것을 나이 탓이려니 했다. 이런 안간힘을 지켜보던 정인이 비행기 표를 구해 섬으로 떠난 것이다.

  신기했다. 사람에게 저마다 사연이 있듯이 불빛은 그 기척을 보내느라 반짝이는 것일 게다. 첫 밤을 불빛에 취해 뒤척였다. 왜 나는 이 밤 잠들지 못하고 두근거리는 가슴소리를 들어야 하는지, 근년에 없던 일이라 자신이 신기했다. 마치 소녀 시절로 되돌아간 것일까. 아직 가슴이 살아 있다는 또 다른 희망을 보는 것 같았다. 사실 글쟁이가 감성이 목석으로 변해가면 글을 쓸 빌미를 잃고 만다. 특히 나같이 이성보다 감성이 우세인 사람은 더더욱 그렇다.

  몇 년 전 제주도에 왔을 때도 나는 불빛에 연연했다. 그때 불빛은 사람에게서 번지는 불빛이었다. 나는 왜 불빛에 이토록 취약한 것일까. 어떤 자가는 불빛에 민감하게 감응하는 사람은 내면에 외로움의 깊은 동굴을 지녔기 때문이라 했다. 사람마다 원초적인 외로움을 타고나는데 유독 더 시린 이들이 있는 것일까. 서성이다가 눕고 누웠다가 다시 일어나 앉는 뒤채임이 창밖의 기척들로 잠들 수 없는 거다, 은하를 이루고 있는 불빛들이 어찌나 간절하던지, 나의 제주 여행 첫 밤은 불빛에 취해 비몽사몽 보냈다.

깜박 잠든 사이 창문이 희끄무레하다. 간밤에 나그네를 잠 못 들게 했던 은하의 불빛들은 사라졌다. 놀랍게도 내륙인의 심금을 휘어잡던 불빛들이 사라져간 곳은 바다였다. 간밤에 암흑과 광명의 극명한 경계를 보여주던 눈앞의 세계가 바다인 줄을 비로소 보는 순간이다. 놀람이다. 바다는 고요하게 저 있을 자리에 누워 있었다. 밤새도록 떠 있던 불빛들은 고기잡이배였다. 사람들이 고단한 몸을 누이고 단잠에 드는 순간에도 어부는 고깃배에서 두 눈을 크게 뜨고 고기를 잡았을 것이다. 아마도 지금쯤 만선의 깃대를 펄럭이며 어부는 귀항하고 있을 것이다.

그것도 모르고 사람들은 식탁에 앉아 싱싱한 것, 더 싱싱한 생물을 찾고 맛있다, 맛없다 투정을 한다. 사실은 그 생선들이 거친 파도와 싸우며 얻은 어부님들의 목숨값인데, 쉽게 값을 매기며 가짜다 진짜다 흥정을 한다.

지난밤이 미안했다. 거기가 힘한 생존의 투쟁판인데 낭만 객이 되어 불빛 타령을 하고 감상에 젖어 아름다움에 취했다. 사실 바다 한 자락 보지 못하고 살다 늙은 사람이 제주해협의 야간작업을 알리 없는 것은 무리가 아니다. 그럼에도 아름다운 어부님에게 이 글을 쓰는 것은 정직하게 땀 흘려 얻은 생산품으로 많은 사람에게 보시를 하는 것에 의미를 두고 싶어서다. 자기가 가지고 있는 능력으로 자신도 살고 남도 살리는 일이 숭고해서다. 땀 흘려 농사를 지어 밥이 되어주는 농부님에게 보내는 믿음과 감사도 마찬가지다. 투전판에서 일확천금을 노리는 일보다 얼마나 정직하고 숭고한가.

더더욱 고마운 것은 맷돌 같은 가슴이 촉촉하게 젖은 일이다. 이제 운명하고 만 것 같은 세상에 대한 호기심과 의문과 애정이 불빛을 촉매로 하여 살그머니 발화를 하니 세상을 얻은 듯 설렌다. 그것은 아직 살아 있다는 확실한 신호여서다.

어부님.

밤새도록 당신의 작업을 지켜보았습니다. 그 불빛은 창밖을 지켰습니다. 세상은 상생의 세계, 그대님들에게 오늘 아침 밥상머리에서 갈치 한 토막 앞에 놓고 두 손 모읍니다.

휴스턴에 보낸 5월

 봄밤의 꿈이 먼저 왔습니다. 냇가 버드나무가 옥색 실타래를 풀어놓고 자꾸 마음을 불러내더니 편지가 도착했습니다. 당신의 뒤뜰에 목련꽃 두 송이가 피어난다는 이야기와 전에 읽었던 『천년숲』을 조용히 차근차근 읽으면서 그곳의 봄을 맞이하고 있다는 소식입니다. 몇 구절을 옮겨봅니다.
 "뒤뜰에 목련이 수없이 많은 봉오리를 달고 벌써 두 송이 꽃이 피어서 눈을 잡아둡니다. 화분을 몇 옮겼습니다. 겨울 지난 다음의 흙은 얼마나 부드러운지 추운 겨울이 이렇게 땅을 아름답게 풀어주는군요. 살아가는 우리 삶도 때론 어려움이 있어야 진정한 보람을 알게 되나 봅니다. 작년 4월경 님께서는 바구니 들고 삼잎나물과 쑥을 뜯으려 농막으로 가신다기에, 그 삼잎나물을 심어 보려고 온 화원을 다녔습니다. 북쪽 기후에만 맞아서 허탕을 치고 말았습니다만, 농민 작가가 허름한 옷에 나물바구니를 옆에 끼고 들로 나가는 모습이 자꾸 상상이 되어 아름다운 한 폭의 그림 같고, 그림을 그리는 사람에게는 더없는 훌륭한 소재가 될 것 같습니다. 아직 한국의 봄은 이릅니다만, 또 봄이 오면 나물 도리고 쑥 뜯는 건강한 님을 보게 될 것 같아 벌써 나물 향기가 날아오는 느낌입니다. 휴스턴에서 " - 중략

『거기 사람이 있었네』 수필집을 낸 후 어느 날 메일 한 통을 받았습니다. 멀리 미국의 남단 휴스턴이라 했습니다. 그곳 서점에서 책을 구해 읽고 작가와 소통하고 싶어 출판사로 연락처를 알아내어 보낸 메일이라 했습니다. 작가가 작품집을 내고 작품을 읽어주고 공감해 주는 독자를 만난다는 것은 참으로 행복한 일이지요. 거기에 더해 수십 년 타국에서 이민 생활을 하며 고국을 그리워했을 세월을 생각하니 가슴이 짠해서 답신을 보냈습니다.

그분과의 인연이 이렇게 시작되었습니다. 모국어에 굶주린 70대의 남자가 내 수필집을 몇 권 어렵게 구해서 읽고 또 읽었답니다. 그분은 모차르트 20번을 좋아한다는 내 글을 읽고 당신은 21번 안단테를 고개를 끄덕이며 즐기는데 다시 20번을 듣고 있다고 했습니다. 작년 여름에는 유럽 여행 중에 엽서를 보내고 마지막 날 밤 이태

리 어느 바에서 밤새도록 반달을 바라보며 여수의 감흥에 취했다고 했습니다. 내 이메일 아이디가 반달임을 기억한 것이지요.

그런 메일을 받을 때마다 '이분 많이 외롭구나' 싶었습니다. 인생 70 고개를 넘으면 누구나 외로움이 찾아오지요. 곁에 가족이 있어도, 누리는 풍요와 보람이 있어도 무방비로 찾아오는 그 외로움은 누구도 달래줄 수 없는 원초적 외로움이라 조용히 지켜보며 마음으로만 응원을 보냈습니다. 가끔씩 보내는 답장에 남의 글을 읽다 보면 자신도 글을 쓰고 싶은 마음이 생길 때가 있으니 글을 써보시라 했습니다. 글을 쓰다 보면 스스로 행복해지고 자존감이 생기지요. 그분은 확실한 대답은 미루었지만 분명 글의 씨앗이 발아하고 있으리라는 기대를 가져 봅니다. 그렇게 독자가 필자가 되고 또 필자가 독자가 되니까요.

얼굴도 모르고 고향도 모르고 미국 휴스턴과 이곳의 거리감도 아득해서 단지 작품집으로만 공감하는 사이 몇 년이 흘러갔습니다. 황혼도 깊은 여로의 언덕, 왜 하필이면 내 글에 주목했을까 생각해봅니다. 아마도 그분 가슴에 박힌 고향의 들녘과 기억 켜켜이 쟁여둔 유년의 정서가 아닐까 싶습니다. 5월이기에 미뤄두었던 답신을 드립니다.

독자님. 평안하신지요? 여기도 봄이 찾아오고 목련꽃도 흐드러지게 피고 졌습니다. 지난번 메일을 받고 시간이 많이 흘렀습니다. 먼저 말씀드린 러시아 겨울 여행은 집안에 우환이 있어 취소했고 대신 자작나무를 찾아 강원도를 다녀왔습니다. 러시아의 자작나무가 광활한 땅을 지키는 서정의 파수꾼이라면 강원도 자작나무는 화원에서 가꾸는 화초같이 느껴졌습니다. 그럼에도 혹한에도 어찌나 의연하던지 일상의 소소한 엄살들이 숨을 죽였답니다.

일상은 단순합니다. 밤낮을 바꿔 사는 환자를 지키고 음악을 듣고 보이차를 우려 마시며 명상의 세계에 빠져보고 그래도 답답하면 청주에 가서 영화를 보았지요. '보헤미안 랩소디'와 '말모이'를 보고 온 날, 아직도 내게 감동할 수 있는 감성이 남아 있다는 것에 조금은 안도를 했습니다.

요즘 글이 안 써져서 원고청탁서는 펑크를 내고 일상의 모습들을 일기나 메모로 남겨두고 스스로를 편안하게 놓아줍니다. 그동안 글의 완성도와는 별개로 많은 수필을 썼으니 평생 처음 갖는 안식년이라 해도 괜찮겠지요. 마음에 여유가 생기네요.

해 질 녘이면 색종이로 종이학을 접으며 바흐의 무반주 첼로곡을 들어요. 큰 의미는 부여하지 않고 선율에 나를 내맡길 때 독자님은 학교에서 무엇을 하시나 상상하지요. 나이 들어서도 꿈을 꾼다는 것은 아름답습니다. 황혼에 새기는 꿈일지라도 좋은 꿈을 자주 꾸세요.

나는 주말마다 농장으로 출근해서 오소리가 산에서 내려오나 감시를 하고 고추가 열렸나 살핀답니다. 안순이를 깔고 앉아 냉이와 달래를 캐면 안방처럼 편안하고 재미있습니다. 김주먹밥도 꿀맛이고요. 일 끝내고 아파트로 돌아올 때는 삼잎국화를 넉넉히 도려 이웃들과 나물 잔치를 하지요. 그런 저녁이면 마음 나이가 한 스무 해는 감해진 것 같아요.

창문을 열어보세요. 지금 창밖은 오월입니다. 야들야들한 연둣빛 신록이 눈부시게 반짝입니다. 저 들판의 신록을 누가 자기만의 것이라고 고집하는가요? 보고 느끼는 이가 바로 주인이지요. 지구에 녹지가 없으면 얼마나 삭막하겠어요? 사람과 사람 사이에도 녹지 같은 감정의 여백이 있어 위로받고 용기를 얻으며 함께 살아가는 것이 아닐까요? 휴스턴에서 불어오는 5월 바람을 맞으며 답장을 씁니다.

독자님! 고국의 5월에게 수혈받고 신록처럼 생기 차세요.

김은숙

센강, 그 찬란한 빛
푸른 바다가 날 부르고
운주사 와불이 일어서는 날
아름다운 뒷모습
큰 엉 외 2수

kespoem@hanmail.net

1990년 〈현대문학〉으로 등단,
2003년 시 등단

시집-
『세상의 모든 길』
『귀띔』(2016년 세종 문학 나눔 도서) 에 선정 됨,
『초록을 읽는 저녁』

수필집-
『그 여자의 이미지』『길위의 편지』
『그 사람 있었네』 등이 있음

새천년한국문인상, 전북문학상,
전북 시인 상, 하이쿠 문학상 등 다수 수상

센강, 그 찬란한 빛

꿈같은 여행이었다.

또 하나의 빛 고운 무늬가 내 생애 한 귀퉁이에 놓였음이다.

혼곤한 낮잠 뒤 멍한 상태로 지금 한밤중일 멀고 먼 이국을 떠 올린다. 지난 열하루 동안 나에게 무슨 일이 일어난 것일까.

거울 속의 나는 아무것도 달라진 게 없다.

유럽의 5개국을 돌아다니며 엉터리 영어로 가족들의 선물을 샀다. 버터와 빵과 치즈, 그리고 느끼한 소스가 비위를 상하게 하는 현지의 스테이크로 식사도 했다. 눈으로 온갖 풍경과 환상적인 것들을 보고 또 보았지만 그 무엇도 진정 변한 게 없다. 나는 그냥 한국의 여인 나일 뿐이다.

그러나 나는 지금도 느끼고 볼 수 있다. 비록 겉모습은 아무것도

김은숙

달라지지 않았지만 내 안에 충만히 차 있는 그 강물의 일렁임을. 찬란한 빛의 잔치를 열어 우리를 안아주던 센강의 눈짓을.

어느 심포지엄에 참가하기 위하여 7월 24일 김포공항을 떠났다.

한 번도 밟아보지 않은 땅 유럽, 그러나 꼭 가보고 싶었던 곳이었기에 나의 설렘과 기대감은 이만저만한 것이 아니었다.

처음 도착지 영국에서 이틀을 보내고 쾌속정으로 도버해협을 건넜다. 또다시 네댓 시간의 버스 여행으로 프랑스의 시골길을 달려 파리에 도착한 일행은 한 사람 두 사람 눈에 띄게 지쳐가기 시작했다.

현지 가이드를 따라 바쁘게 뛰며 움직여야 하는 일정에다가 비행기에서의 여독이 아직 풀리지 않아서였다. "이런 여행이 무슨 의미가 있을까." 김 시인이 우울하게 말했다. 센강으로 밤 뱃놀이를 다녀오기 전까지는 나도 예외는 아니었다.

가이드가, 좋은 추억이 될 거라며 간곡히 권하기에 저녁을 먹은 후 센강으로 몰려갔다.

강변에 죽 늘어선 고색창연하고 아름다운 건물들이 일제히 불을 켜고 우릴 반겼다. 휘황찬란하게 솟아 있는 에펠탑을 배경으로 사진을 찍고 또 찍으며 강을 따라 흘렀다. 퐁네프 다리 밑을 지날 때 다리 위의 한 무리 남녀노소가 손을 흔들며 환호성을 보낸다. 배에 탄 사람들도 그들을 향해 손을 흔든다.

의자에 가득 앉아 있는 유럽 사람들을 살펴보니 어찌 된 일인지 사진을 찍는 사람이 거의 없었다. 유독 우리 일행만이 앞뒤로 왔다 갔다 하면서 사진을 찍어대니 슬며시 미안한 생각이 들었다. 그러나 그들은 자주 올 수 있어서 그럴 필요가 없겠지만 멀고 먼 나라의 우리에겐 기회가 별로 많은 것도 아니지 않은가. 속된 말로 남는 것은 사진뿐이라는데.

여러 개의 다리 밑을 유람선이 지날 때마다 다리 위의 사람들과 서로 화답하며 내는 환호성으로 귀가 따가울 지경이었다. 고함 소리는 유럽 사람들이 크다는 걸 난 그때 알았다.

"괜히 사진 찍은 것 갖고 미안해했네." 우리는 작은 소리로 그렇게 속삭이며 키득키득 웃었다.

선수의 계단에 편히 걸터앉아 물 위에 어리는 강변의 경치를, 그 장엄한 빛의 일렁임을 감상하다가 누가 먼저랄 것 없이 우린 노랠 부르기 시작했다.

'창공에 빛난 별 물 위에 어리고/ 바람은 고요히 불어오누나' 조용하고 아름답게 노랫소리가 울려 퍼지자 친근한 미소를 띠며 외국인들도 더러 따라 불렀다. 노래가 끝나자 박수가 터져 나왔다.

참 아쉬웠다.

그 뱃놀이가 조금만 더 연장되었어도 기분 좋은 김에 몇 곡 더 불렀을 텐데.

김은숙

배가 종착지에 닿았다. 〈그리운 금강산〉이나 〈돌아와요 부산항〉에 까지를 부른들 어떠랴, 그러나 우리는 자타가 공인(?)한 지성인들. 그들이 박수를 치고 친근한 미소로 바라본다고 해서 이성을 잃을 사람들이 아니었다.

그 후 스위스의 초원 위에서도, 이태리의 호텔 뒤 잔디밭에서도 매일 밤 우리는 작은 음악회 흉내를 내었다.

그때 우리는 센강의 불빛 때문에 어떤 주술에 걸린 게 아니었을까.

몇 년 아니면 몇십 년 전부터 알았던 사람들처럼 친해지고 존중하는 마음으로 즐겁기만 하던 유럽 여행을 떠올리며 나는 그렇게 단정 지을 수밖에 없다.

푸른 바다가 날 부르고

들길로 나갑니다.

유월의 천지는 놀랍도록 푸르고 푸릅니다. 내가 회색빛 도시에서 겨울을 지나는 동안 꿈꾸었던 것보다 몇 배는 더 싱그럽고 진한 초록빛이 온 누리를 가득 채우고 있습니다.

내 마음의 눈썰미라는 것도 이제 쇠퇴하여 가는 모양입니다. 지난여름 잠겨 살았던 빛깔의 흔적을 기억해 내지 못하니 말입니다.

우리가 지나갈 때 잠시 길을 터 주었던 초록이 곧 다시 합쳐져 얼싸안고 어우러지는 것을 봅니다, 바다 빛깔의 하늘엔 흰 구름 몇 뭉텅이가 섬처럼 움직임도 별로 없이 떠 있습니다,

길은 끝이 없습니다.

언젠가 꼭 한번 보았던 것 같은 마을이 창밖으로 지나갑니다. 나

와 내 이웃이 그랬던 것처럼 또 따른 전설을 만들며 오래전부터 이 곳이 살고 있었을 사람들.

개들이 꼬리를 흔들고 어린아이 울음소리도 들립니다. -어름(얼음)팝니다.-라고 서툰 글씨로 써 붙인 구멍가게에서 들고 먹는 아이스크림을 삽니다. 가게 앞에는 대나무로 만들어진 평상이 놓여 있고 잠방이를 걸친 노인들이 장기를 두고 있습니다.

동진강 휴게소에서 잠시 차를 쉬게 합니다. 강바람이 훅 다가옵니다. 가득 차서 흐르는 강물을 보니 마음속에 윤기마저 도는 듯합니다.

어느 마을에서 단체 여행을 나왔는지 강이 내려다보이는 언덕에선 노래판이 벌어져 있습니다. 농사를 짓느라고 까맣게 그을린 순한 얼굴들이 흥에 겨워 싱글벙글 웃습니다.

-눈물을 감추고 눈물을 감-추-우-고-

-너무나도 그 이이이임을 사랑- 했기-에-

-운다고 예사라앙이 오리-오 마는-

리듬에 따라 몸을 흔들어 대는 지난날 우리들 어머니 같고 숙모 같은 여인들. 그들이 흥겹게 춤추면서 부르는 노래는 공교롭게도 거의가 슬픈 노래이지 뭡니까.

나는 순간적으로 아주 모순되고 애교스러운 두 가지 말들을 떠올립니다.

그 하나는 TV 연속극이나 영화 장면 가운데 쫓는 사람들이 외치는 말입니다. 죽을힘을 다해 도망가는 사람을 향해 "게 섰거라! 이놈! 게 섰지 못할까." 이런 종류의 사극에서 펼쳐지는 한 대목이 있는가 하면, "야 이**야 거기 서지 못해." 하고 부르짖는 현대 수사관의 고군분투가 있습니다. 그러나 쫓기는 사람은 더욱 필사적으로 도망을 칠 뿐 "네." 하고 그 자리에 서는 사람을 아직 본 기억이 없습니다.

또 다른 것은 지금처럼 여럿이 어우러져 춤추는 곳에 울려 퍼지는 슬픈(?) 노래입니다. 그들은 얼굴은 즐겁게 웃으면서 입으로는 눈물을 쏟아냅니다. 어쩌면 마음속에 슬픔이 있을지라도 위안이 되는 몸짓, 그게 바로 춤일지도 모릅니다.

그만 갑시다. 일행 중 한 사람이 얼마 남지 않은 해를 가리키며 재촉합니다.

내변산을 오른쪽으로 끼고 바닷가를 돌아갑니다, 열어 둔 차창으로 갯바람이 불어와 머리카락을 마구 헝클어 놓습니다. 바다도 산을 닮아 초록빛입니다. 절벽 위에 앉아 있는 이국풍의 별장이 몇 채 보입니다. 멋진 그림을 보는 듯합니다.

평평하고 경사가 완만한 개펄로만 이루어진 해안일 거라는 나의 편견과는 다르게 절벽 아래로 출렁이는 바닷물이 아스라하게 먼듯합니다. 상록 해수욕장을 돌아 나오니 해가 지고 있습니다.

김은숙

산 그림자가 들판 위로 점점 커집니다. 대낮의 잔영이 아직 남아 있어 그림자의 빛깔도 푸릅니다.

오늘 내가 마신 유월 한나절의 빛깔은 어쩌면 여름이 지나 가을 겨울이 가고 다시 봄이 올 때까지도 내 안에서 출렁이고 있을 것입니다.

운주사 와불이 일어서는 날

　몇십 년 전까지는 잘 알려지지 않았던 운주사가 이 지방 사람들뿐만 아니라 다른 지방에도 알려지기 시작한 것은 황석영 씨가 쓴 소설 『장길산』에 와불이 피력됨으로 해서다.
　소설의 말미에, 와불이 일어서는 날 영웅이 나타나 낡은 세상을 없애고 살기 좋은 세상을 펼친다고 했다.
　혼자 상상하기를 발굴된 진시왕릉의 군사들처럼 운주사 골짜기에 버려진 수많은 돌부처들이, 글자 그대로 천 개나 되는 돌부처들이 저마다 다른 표정으로 사람들을 맞을 거라고 상상해보곤 했다. 그러나 그곳에 가서 느낀 것은 천 개라는 숫자보다는 그냥 많다는 걸 천 개로 표현하지 않았을까 하는 느낌이 들었다.
　아직까지도 천 불 천 탑에 대한 규명은 확실하게 내려진 것이 없

김은숙

다고 한다.

　황진이와 정을 통했던 지적 선사가 이곳에다 천 불 천 탑을 세우고 참회했다는 조선 후기를 배경으로 한 소설이 있긴 하나 모두 다 소설가가 꾸민 상상 속의 이야기일 뿐이라는 설도 있긴 하다.

　다만 운주사를 창건했다는 설이 있는 도선이 우리나라의 지형을 배로 보고 선복에 해당하는 호남 땅이 영남 땅보다 산이 적어 한쪽으로 기울 것을 염려한 나머지 도력으로 하루 낮과 하루 밤 사이에 천 불 천 탑을 조성해놓았다고 하는 믿을 수 없는 전설이 전해지기도 한다고 한다.

　모든 예술품은 그것이 누구를 중심으로 해서 제작되었느냐에 따라서 그 형태는 현저히 다를 것이다.

　귀족이나 상류층의 사람들을 중심으로 해서 제작되었다면 그 형태가 화려하고 세련미가 더할 것이고, 민중이나 천민이 주체가 되어 이루어졌다면 소박하고 단순한 모습이 어쩌면 촌스럽기까지 할 것이다. 아주 소박하고 촌스러운 운주사의 돌부처들은 후자에 속한다.

　미적 볼품도 없이 예부터 도외시 되어 골짜기의 돌들처럼 버려져 있던 유물들이 늦게나마 빛을 보게 된 것은 퍽 다행스러운 일이다. 더군다나 기존의 불탑과는 아주 다른 형태의 모양과 문양이 미술사를 연구하는 사람들에게조차 관심의 대상이 된다고 하니 자랑스러운 일이기도 하다.

얕은 산등성이에 누워 있는 와불을 만난다. 어마어마한 크기에 미소 머금은 얼굴로 비스듬히 누워 있는 돌부처. 이 와불은 과연 일어나려 했던 것일까.

이 와불을 세우려 했던 사람들은 어떤 사람들이었을까. 일을 하다가 갑자기 중단하지 않으면 안 될 사태가 생겼을 거라고 추측해 볼 수 있는데, 그럼 그 단절의 상황은 어떤 것이었을까.

싸늘하게 식은 채 천년의 신비를 안고 누워만 있는 와불을 보면서 생각에 골똘한데, 예닐곱 살쯤 되어 보이는 남자아이 하나가 와불의 얼굴 위로 폴짝 뛰어오른다. 신나게 뛰어다니는 아이를 보면서 불교 신자인 듯한 나이 지긋한 어른이 아이에게 제동을 건다.

"얘! 거기 올라가면 안 돼. 감히 어디라고 올라가니?"

엄마가 재빨리 아이의 손을 잡고 제지한다.

몇백 년 혹은 천 년 가까이 세월이 흘러도 아직까지 그 상황을 답습하면서 권력의 이방 지대를 떠도는 민초들의 절망과 좌절을 운주사 돌부처들의 얼굴에서 보았다. 또한 근세 정치에서 소외당하고 수난당했던 역사를 대변해주고 있는 듯해서 연민의 정을 금할 수 없었다.

아름다운 뒷모습

꽃잎 날리는 길섶을 지나며 '가야 할 때가 언제인가를/ 알고 가는 이의 뒷모습은/ 얼마나 아름다운가 (후략)'라고 시작되던 어느 시인의 시 한 구절을 생각한다. 떠나는 사람의 뒷모습이 저 꽃이 떨어지듯이 약간은 서운하고도 나름대로 아름답다면 얼마나 좋을까.

서부영화의 한 장면이 생각난다. 서부영화의 묘미는 뭐니 뭐니 해도 나같이 단순한 사람들의 속단을 뒤집어버리는 마지막 장면일 것이다. 자욱한 먼지를 날리며 말을 타고 달려오는 주인공을 본다.

그는 가장 절박한 순간에 홀연히 나타나 악당들을 물리친다. 사람들을 함부로 죽이고 괴롭히던 패거리들은 안간힘을 다해 대응해 보지만 역부족이다. 단호하고도 매정하게 악당들을 응징하는 주인공에게 마을 사람들은 아낌없는 박수를 보낸다. 각종 공포에서 해방

된 무리의 대표가 그에게 지도자로 남아주기를 간청한다.

이 시점에서 한국 사람인 나는 속단한다. 그는 이제 그곳에서 높은 벼슬에 오르고 권세를 누릴 거라고.

그러나 그는 유유히 떠나버린다. 둘러선 사람들을 향해 싱긋 웃음을 보인 뒤 손가락을 잠시 들어 보이고는 성큼성큼 걸어서, 혹은 말을 타고 떠나버린다.

떠나는 이의 아름다운 뒷모습을 말하려면 1992년 12월에 발간된 국내 일간지의 사설 한 대목을 인용할 필요가 있다.

"그는 언제나 공작정치의 대상이었고 위협과 회유의 대상이었다. 사형선고 앞에서 미소 지으며 유혹 속에서 양심을 지켰다. -중략- 그의 정치 역정이 이처럼 진지했기에 그의 깨끗한 퇴장은 한결 더 우리의 가슴에 감동을 남긴다."

지난날 어느 정치인의 빛나는 퇴장이 있었다는 것을 강조하는 것이 아니다. 그가 핍박을 많이 받았다는 것을 새삼 부각시킬 의도도 없다. 다만 어려움 속에서도 굳건히 서서 양심에 어긋나지 않도록 살았다는 글귀가 기억에 남아서 인용할 뿐이다.

결별이 이룩하는 축복에 싸여 아름답게 떠나가는 서부영화의 영웅과 올곧은 정객과 축제의 마당을 뒤로하고 쓸쓸한 미소를 남기며 떠나가는 모든 것들의 뒷모습을 나는 사랑한다. 그리고 응원한다.

김은숙

큰 엉 외 2수

몇 만 년 몇 억 년

땅속에서 부글거리다

소멸도 빛나던 뜨거운 생애

소금 젖은 바람 들어

구멍 숭숭 박힌 채

조용한 틈새 닫고

새까맣게 굳은 몸

제주 남단 언덕 위에

소금 기둥 되었구나

낭떠러지 아래 달라붙은

검은 갯바위들이

데굴데굴 구르는 어린 자갈들이

파도가 철썩 때리고 갈 때마다

언덕에 오르겠다고 울부짖는 소리

혀-어-어-엉 혀-어-어-엉

눈멀고 귀먹은 종갓집 큰 형님

먼 활화산 꿈꾸며

아무 대답 없으시다.

* 큰 바위를 이르는 제주도 방언.
*형을 일컫는 말

벗어나다

모슬포 앞바다의 노을을
한 바가지 길어 올리자
돌고래 떼가 일제히 튀어 올랐어
수십 마리의 검은 갯바위들이
일제히 한 방향을 보며 헤엄치는 거야

노을을 살짝 휘저었을 뿐인데
바람이 접혔다 펴지는 사이
허공의 문을 건드렸나 봐
고래는 새까만 등에 노을을 펄럭이며
드넓은 하늘로 날아갔어

파도가 뒤척이며 돌고래를 따라갔어

바다에서 배우다

제주도에 가서 알았다

우리 삶의 몸짓이

어떻게 푸르러야 하는지를

은갈치 지느러미에서

물기 털고 일어나는 아침같이

그렇게 싱싱해야 한다는 것을

그곳에 가서 보았다

우리 사랑의 열정이

어떻게 솟구쳐야 하는지를

검은 갯바위 틈으로

천지가 진동하는 물보라 일듯

그렇게 온 힘 다해 솟구쳐야 한다는 것을

김은숙

조 설 우

어느 봄날에

live0130@naver.com

전북 남원 출생

1990년 〈현대문학〉 등단

수필집 『여영정 뜨락』 『천강에 뜨는 달』

한국문인협회, 현대문학 수필작가회, 남원문인협회 회원

어느 봄날에

햇빛 화창한 봄 신명에 지펴 봄나들이인 양, 발길은 집에서 가까운 춘향전의 모태인 광한루로 향한다.

예전에는 봄꽃들이 산수유, 매화, 목련, 벚꽃, 진달래들이 연이어 치었건만 요즈음에는 일시에 피어 마치 꽃 대궐을 이룬 듯 황홀하고 눈부시다.

경내가 넓어지고 깔끔하게 정비되어 600여 년의 세월을 지내온 광한루원은 고즈넉하다. 아름드리나무들은 한 백 년도 못사는 사람에 비해 경외스럽기까지 하고, TV 사극에서 자주 보는 오작교가 반갑다.

광한루 앞에 놓여 있던 돌호랑이는 어디로 갔을까? 많이도 올라타고 놀았던 기억이 새롭다.

그 당시 남원 시장에 연년이 큰불이 났고, 무언가 찰랑찰랑하는 소리와 함께 불꽃이 제일은행 네거리까지 날아왔었다. 그런 후 떠도는 소문에 의하면 남원 남쪽의 센 화기를 잡아주어야 한다며 돌호랑이를 시장 입구로 옮겼다고들 하였다. 그리고 그 뒤로 시장에 불이 나지 않았다 하니 어디까지 진실이고 풍문이었을까?

아이들은 광한루에 놀러 가면 으레 돌호랑이에 올라타고 놀아 잔등이 반질거렸다.

가물가물한 기억으로 시장까지 넓혀진 경내의 예전 시장 입구쯤을 찾아 살폈다. 한참 후 드디어 완월정 맞은편 정원에서 만날 수 있으니…. 추억어린 한 소산이 아니랴. 손으로 쓸어본다. 까칠한 촉감. 지금은 긴 시간의 때가 묻어 거무스름한 돌이끼가 돋아나 세월의 무상함을 안고 서 있다. 빛바랜 추억은 삭아진 돌가루에 묻어 나오는데.

춘향제, 그때는 사월 초파일, 그냥 초파일이라고도 불렸다. 지역 행사가 거의 없던 시절이었기에 떠밀려 다닐 정도로 많은 인파가 모여들어 오작교에서 떨어질까 조바심했던 크나큰 축제였다.

명창들의 산실이었으며 한시백일장, 춘향이 뽑기, 그네타기 등 다채로운 행사들이 열렸다. 광한루 바로 앞에 서 있는 큰 느티나무에 그네를 매어 경기를 하였다. 선수가 그네에 올라 높은 나뭇가지 사이로 새처럼 날아오르면 밑에서 와아~ 함성과 함께 조바심하며 구경하던 많은 사람들…. 그때의 울울창창하던 나무는 밑동의 시멘트에 의지해 조락의 계절로 서 있어 만감이 서린다.

 잘 가꾸어진 광한루원의 벤치에 앉아 따뜻한 봄볕을 쪼인다. 보이는 곳마다 고풍스러운 그림으로 펼쳐진 정취에 잦아들어, 사랑을 지켜낸 사람을 생각한다.

 살아온 날보다 살아갈 날이 짧은 오늘, 봄이 오면 꽃은 다시 피건만 지나간 세월도 그리운 사람도 오지를 않으니….

김정택

소쿠리의 쓰임새
찔레꽃 향기
소나무야, 소나무야
우도牛島가 다섯 곳
동백꽃 배지
저 작품은 얼마짜리일까

stkiimsj@hanmail.net

제주 출생. 의사, 장서가
1992 〈현대문학〉 수필 등단

**한국문협, 제주문협, 제주수필문학회, 혜향문학회, 현수회 회원
제주소묵회 제주한시회 회장 역임, 제주불교신문 논설위원**

류준학술상(1989), 덕산문화상(2001), 국민훈장 모란장(2017)

수상집 『제주 사람 육지 사람』(문학나무. 2008) 외 다수

소쿠리의 쓰임새

　바구니, 소쿠리, 종이 박스, 라면박스, 쇼핑백, 쓰레기 봉지, 방호복 주머니, 투명 비닐봉지…. 이들의 공통점은 투표지를 받아 갈 때도 요긴하게 쓰인다는 것이다. 세상에 21세기 대한민국 제20대 대통령 사전선거의 사전투표소 전국 3,552곳에서 이러한 풍경이 일어났으니 전대미문의 기상천외하고 기가 막힌 수거 방법이었다.
　일본에 사는 작은아들에게서 전화가 왔다. "소쿠리(ソクリ)가 한국말입니까?" 말할 것도 없지만 물건을 담아두거나 운반하려고 대나무로 만든 작은 그릇이라 설명했더니 "ざる[笊]입니까?" 하고 되묻는다. '조리'는 흔히 쌀을 이는 데 쓰이는 죽제품이지만, 그 정도로 알아먹어도 다행이다. 소쿠리가 그곳 신문에 한국에서 투표용지를 모으는 기구로 보도된 것을 보고 놀랐다는 것이었다. 부끄럽기

김 정 택

그지없다.

　소쿠리는 제주어로 소코리, 송코리, 송키구덕라고도 한다. 대개 앞이 트이고 테가 둥근 작은 갈채 모양의 대그릇인데, 물에 우린 떡쌀을 담아두면서 물을 뺄 때나, 밥 먹을 때 푸성귀를 담아두는 그릇이다.

　예전 가시나물 동네는 대밭 골이어서 죽세공이 이름났다. 1950년대 4·3사건이 사그라들자 소개疏開된 중산간 마을에 재건 붐이 일어났다. 아버지는 6·25전쟁에 징집되어 출정하시고 남자라곤 5살 난 나뿐이었다. 동네 분들이 모여들어서 3칸 오막살이를 지어주었다. 요새야 농장관리사라 하겠지만 그때는 별장이었다. 할머니가 농사일을 하실 때면 읍내까지 드나드시기 불편하여 주로 이곳에서 사셨는데 나는 할머니의 말벗이었다.

　한 쪽방에는 바구니를 만드는 김 씨란 분이 집 지키면서 얼마간 살았는데 농한기 대나무 있는 곳을 찾아다니는 전라도 분이었다. 우리 집 대나무밭은 아주 성하여 김 씨는 왕대나 수리대(이대)를 자유롭게 베어다가 마루에서 죽세공 작업을 했고 오일장에 팔아 근근이 살아갔다. 우리는 그가 대나무 그릇을 만드는 모습을 익히 보며 자랐고, 그의 제품들을 구입해두고 사용하였다.

　예의 김 씨는 마루에 크고 둥근 돌덩이를 갖다 놓고 덩드렁마께(나무방망이)로 대나무를 두들겨 씨줄과 날줄을 마련하고 바느질하듯이 공들여 엮어 만들었다. 처음에는 제주도식 바구니를 잘 모르는 듯 신식(육지식) 바구니만 내놓았다. 그가 만든 바구니는 밑창이나 둘레가 둥그런 대광주리였다. 한동안 팔리는 것 같더니 제주 사람들에게 등짐이나 허리춤으로 운반하기에는 맞지 않아서 제품이 쌓여 갔다. 김 씨는 우리한테 다 주고는 제주 사람들이 쓰는 네모난 바구니를 만들기 시작했다.

할머니가 제주도 바구니의 쓰임새와 모양새에 대해 의견을 내주면 김 씨는 본보기가 없어도 요령껏 잘 만들어 내었다. 그가 생산한 바구니 종류에는 질구덕, 물구덕, 밥차롱, 바구리, 크기 따라 서답구덕, 대바지구덕, 차반지, 밥동고량, 용도에 따라 애기구덕, 궤기차롱, 적차롱, 떡차롱, 얼멩이 따위가 있었다. 차롱이나 동고리는 두 짝이 한 조가 되게 만든 바구니이다. 그래서 단위에 따라 차롱착, 고리착이라고도 한다.

대부분 단단히 만드는 것을 위주하여 거친 것이 많았으나 모양이 좋기로는 '곤대구덕'이었다. 곱게 다듬어진 가는 대오리(가늘게 쪼갠 댓개비)나 수리대로 만들었다. 쌀 한 말들이지만 때로 제물떡 차롱과 술 한 병을 놓거나 바람떡을 가지런히 채워 부조하러 갈 때 먼 길에는 등짐으로, 가까우면 보따리에 싸서 들고 갔다. 곤대구덕에는 한두 군데 색깔 있는 대를 끼워 넣어 악센트를 주기도 했다. 그런 색깔표시는 어디 가더라도 잃지 말라는 표시로도 쓰인다.

곤대구덕이 닳아 수명이 다해 가면 풀을 칠하고 헝겊이나 헌 닥지[楮紙]나 창호지를 발라 곡식을 임시 담아두거나 옮길 때 사용한다. 이것을 '바른구덕'(또는 바른바구리)이라고 한다. 우리 할머니나 어머니는 한문을 모르시어 아들이나 손자가 없을 때는 고문서를 바른구덕 만들 때나 궤 안을 도배할 때 사용하셨다. 나는 다시 이 바른구덕에서 할아버지의 자취를 찾느라고 다시 물에 부풀려 떼어내곤 하였다. 할아버지는 중면 면장과 문묘 직원을 역임하셨는데 바른구덕에서 그 행적을 찾아낸 적도 있었다.

농사일을 할 때는 갈채를 많이 썼다. 전후戰後 농기구가 모자란 농업학교에 다닐 때였다. 선생님은 실습시간을 앞두고는 무슨 작업이란 말도 없이 삼태기를 가져오라는데, 도대체 삼태기가 무엇인가. 우리 선생님은 갈채가 농사나 노동에 필수적이며 기본적인 기구로서 근로를 상징하는 대명사임을 가르치고 싶으신 것이었다. 갈채는 상동나무로 테를 삼고 으름덩굴이나 칡, 또는 대나무로 엮어 만든다. 갈채는 일을 많이 하는 농기구여서 쉽게 헐고 수명이 짧았다.

'갈채 부자는 하늘도 못 막는다'더니 갈채보다 훨씬 작은 소쿠리로도 대통령을 내는 나라여서 하늘의 복인지 알 수가 없다. 소쿠리를 투표 때 사용한 선관위원장은 대단하신 분이다. 인하여 소蕭운으로 칠율七律을 연습해보다.

銘心有信 法投票 (명심유신법투표)
>   법대로 투표한다는 신뢰에 명심힐지니.

束縛反民 北願要 (속박반민북원요)
>   반민주 속박은 북이 원하는 바

委職奚那 如是敢 (위직해나여시감)
>   위원장이 어찌 감히 이럴 수가 있나요

無聞選擧 以簞瓢 (무문선거이단표)
>   소쿠리 표주박 선거는 들은 바 없소

任公事者 成圍律 (임공사자성위률)
>   공공일을 맡은 이는 법률의 범위 안

或有恣行 必竟凋 (혹유자행필경조)
>   조금 방자하다가는 반드시 사라질 거요

曲辨爲之 其下責 (곡변위지기하책)
>   부하의 책임이라 변명이나 하면서

誰從失正 召幇僚 (수종실정소방료)
>   정의롭지 못하면 뉘 따르랴 패거리나 부르지

김 정 택

찔레꽃 향기

4·3사태(1948) 때 나는 다섯 살이었고, 우리 집은 제주읍 동남쪽 수풀 속에 숨겨진 가시나물 마을의 윗카름(맨 위쪽 마을)이었다. 한 울타리 안에 500년 묵은 조롱나무가 자라고 있고 열댓 명의 대가족이 함께 살고 있었다. 원적을 떼어 보면 할아버지 이름 아래 할머니, 아버지와 어머니, 고모님, 숙부님네 가족(숙모 사촌 형제 조카들)과 나와 누이동생이 한 호적에 실려 있다.

우리 집은 일꾼도 서너 분을 부리고 소와 말을 많이 키우며 농사도 넉넉하게 짓는 부잣집이었다. 할아버지는 잘생긴 망아지 한 마리를 내 몫으로 정해주시기도 하셨다. 나를 큰손자라고 집안 어른들이 귀여워해 주셨고, 할아버지나 아버지가 외방 가실 때면 나를 데리고 다니면서 어른들에게 인사를 시키곤 하셨다. 당시 가시나물에는 80

여 세대에 350여 명이 살고 있었는데 대부분이 권당(씨족)이었다.

아버지(1924~2010)는 두 형제 중 둘째였다. 내가 태어나던 해 일본군 징병으로 나가사키[長崎]에 잡혀갔다가, 광복으로 귀환하셨다. 4·3 당시 북제주군청 농회 기수로 재직하며 읍내에서 자취를 했으나 할아버지 환후 때문에 자주 가시나물에 올라오셨다.

우리 고향의 4·3사건은 조상 전래로 오순도순 살아가던 이웃과 동네가 '속밧뱅듸'(쑥밭벌판)로 되어 버린 사건이었다. 제주읍의 4·3 첫 민간희생자가 우리 동네에서 발생했다. 나는 그 기억이 없는데 4월 4일 밤(음 2월 24일) 태희 친족집 제사에 아버지와 함께 참례하고 있을 때였다고 한다. 알동네 오승조(36) 영평 대동청년단 감찰부장이 폭도의 죽창에 살해되고 오병홍이 중상을 당했다. 이 사건을 시작으로 가시나물은 이데올로기 대립의 현장으로 바뀌었다.

할아버지가 노환(하지 마비)으로 누워계신 동안 할머니는 아버지 때문에 양쪽으로 시달리셨다. 마을에는 5·10 단선 반대운동도 일어났고 누군가 성안이 불바다가 될 것이라는 소문을 퍼뜨렸다. 무엇보다 할아버지 간병차 통근하는 아버지가 수사당국으로부터 의심을 받았다. 산사람과 읍내의 연락병 역할을 한다는 혐의였다. 급기야 아버지는 특별수사본부에 7일간 구금되었다가 '양민良民'으로 풀려나오셨고, 본적지를 삼도동으로 옮겼다. 씨족의 기둥이셨던 할아버지는 그해 6월 12일 수 83세로 돌아가셨다.

우리 집의 슬픔은 이루 말할 수가 없었다.

11월초 어느 날 할머니와 나는 부엌에서 팥죽을 먹고 있을 때 이웃 동네 하늘이 벌겋게 달아올랐다. 그날 밤(11.9.) 폭도들이 중카름 상선이네 집에 불을 붙였고 얼마 후(11.15.) 알카름을 습격, 주민 7명을 살해했고 몇 분을 납치해갔다. 그 가운데 두 분이 나와 초등교 동기동창인 상진이의 할머니와 고모였다. 그때 말로는 "사람들이 팡팡 죽어갔다."라고 했다.

도 전역에 계엄령(11.17.)에 이어 한라산공비토벌작전이 본격화하면서 '중산간소개'가 시작됐다. 우리 동네는 음력 10월 20일(11.20.) 웃카름부터 소각됐다. 한밤중에 횃불을 든 9연대 군인들이 들이닥쳐 아무런 예고나 대책도 없이 이 집 저 집 처마에 불을 붙였다. 11월 30일(음 10월 말)에는 와왓 일대마저 소각되었다. 초가집이 대부분인 500년 묵은 마을에 가재집기를 꺼낼 틈도 없이 한 줌의 재로 사라지고 말았다.

우리 집도 입촌조 이래의 소중한 유물(서적, 가구, 집기, 가옥, 비축양식, 가축, 기타 재산)들이 무정한 불더미로 화했다. 아끼던 말 19필, 소 8두, 닭, 돼지 등도 불에 타 죽거나 군인들이 잡아가거나 산야로 내달았다. 제기는 셋고모님이 지고 가다가 너무 힘들어 알동산에 묻어두었다. 우리에게 남은 것이라곤 입은 옷과 아버님 혼백상뿐이었다.

그날 밤 나는 어리다고 영자 누님(고모 딸) 등에 업혀 먼저 성안으로 내려왔다. 푹 둘러쓴 담요 틈으로 보니 하늘이 새빨갛고 탁탁 타는 소리가 들렸다. 졸지에 이재민이 되어 눈물도 말라버린 마을 사람들은 제각기 살길을 찾기로 했다. 소개날 밤 뜬 눈으로 야영한 마을 사람들은 산으로 갈 사람은 산으로, 읍내로 내려갈 사람은 읍내로 인연을 찾아 흩어져갔다. 언제 만나자는 말도, 잘 가시라는 말도, 아무 말도 없었다고 한다.

한 울타리 우리 가족도 풍비박산이었다. 큰형님네 식구, 작은형님네 식구, 우리 식구가 따로 읍내로 피난 내려와 그때부터 세 곳으로 흩어져 살게 되었다. 작은형님과 큰조카는 행방불명이 되었고, 영자 누님은 부산으로 떠났다. 큰외삼촌 가족도 몰살하여 남아 있던 정숙이 누님이 우리 집에 붙어살았다. 우리는 향청골과 산지골 셋방에서 남문통까지 전전했다. 남부러울 것 없던 나는 세상이 바뀌면서 더 외롭고 혼란스러움을 느껴야 했다.

4·3사태 동안 돌아가신 분을 아버지가 헤아려 보니 우리 마을에만 49명(남 40명, 여 9명)이 폭도와 좌익들에 희생됐다. 울담으로 나뉘진 이웃에게 죽창에 찔려 죽은 이도 있었다. 최근 평화공원에는 영평 상하동을 합산하여 74명의 위패가 모셔있다. 4·3사건은 주민 간 좌우 이념대립과 일가 간 갈등의 현장이었다. 마을의 반촌 전통과 동향인과 친지권당 관계가 무너지고, 같은 행정동이 상동(가시나

김정택

물)과 하동(알무드네)으로 갈려지고 말았다.

칠성통에서 피난살이 하던 초등교 1학년 때에 6·25사변이 일어나 아버지가 징집되셨다. 4·3 피난민 집에 6·25 육지 피난민들이 밀려들었다. 얼마간 마루와 삼방을 점령하고 함께 뒤범벅이 되어 살았다. 육지 사람들은 서축항 오일시장 터에 텐트나 임시 움막을 짓고 나갔다.

전쟁 이듬해 가시나물에 사람들이 모여들기 시작했다는 소식이 들렸다. 1951년 말 통계에 영평리(상하동) 28호 112명으로 나타났다. 우리는 소개령이 해제(1949. 4. 29.)된 후 3학년 때(1952) 옛 집터에 막사리(초막집)를 지어서 농사일이 바쁘면 임시거처했다. 그때는 아버지가 군인 가 계셔서 마을 사람들이 모여들어서 '제라한' 삼 칸 초가집을 지어 주었다. 새집에는 할머니가 주로 살았고 일꾼들에게 임대를 해주기도 했다.

우리들은 주말이나 방학 때는 올라가 할머니 일을 도왔다.

보릿고개가 극심했던 1957년 3월 21일 김환희 권당과 가시나물 집에 살고 있던 양중환 씨가 노루를 잡으러 갔다가 여비 한 사람을 생포했다. 토벌대에 넘기자 그녀의 제보에 의해 잔비 두 사람을 사살하는 전과를 올렸다. 며칠 후 밤중에 괴한 한 사람이 우리 집터에 나타나 발로 툭 차며 야영 중인 할머니와 조카를 깨웠다. 할머니는 바로 직감하고 신고했는데 4월 2일 송당리 토굴에서 생포됐다. 그가 바로 마지막 공비 오원권이었다. 이로써 4·3은 종식되었지만 우리 집 복구에는 이때부터 10여 년이 더 걸렸다.

이 무렵 상준이도 성안에서 피난살이를 하다가 올라왔다. 모두들 양식이 부족하여 보리겨나 밀겨로 만든 줴기떡 같은 구황식품을 먹으며 살았다. 상준이는 나보다 3살 위여서 훨씬 철이 들었고 남다른 경험이 많았던 친구이다. 5학년 때 상준이는 한동안 수건으로 머리를 싸매고 다녔었다. 상잣곳에 나무하러 갔다가 되게 머리를 다쳤는데 문 의원에서 꿰매고 오는 동안 가시나물 성문이 닫혀 몇 시간 무섬에 떨었다고 했다. 돈이 없어 계속 치료를 받지 못해 갈채 모양의 큰 흉터를 남기고 말았다.

성안에서 피난 중이던 그의 할머니와 작은고모(17살)가 집터에 쌀 가지러 가셨다가 마을의 폭도들에게 잡혀 사살당했다. 할머니와 고모를 죽인 사람이 누구인지를 상준이가 알고 있었으나 말을 못 했다. 미혼이던 그의 작은고모는 나중에 우리 고교 동창의 형과 사혼을 했다. 사후 고모부가 된 이는 6·25 때 전사한 장병이었다.

상준이는 노상 가시나물에서 북국민학교까지 걸어 다녀야 했으므로 풍우한설이 심할 때마다 결석이 잦았다. 나는 토요일에 올라가 일하다가 월요일에 내려왔다. 아침이면 함께 등교할 수 있어서 이런 집안 이야기를 자주 들었다. 또 비 올 때 내 건너는 법, 찔레순을 벗겨 먹기, 삘기 뽑아먹기, 냇가에서 '배붉은개구리'를 잡아 삼키는 방법도 가르쳐 주었다. 6학년 때는 졸업비를 못 내어 졸업식 날

결석하는 바람에 졸업장을 받질 못했다. 내가 중·고교를 다니는 동안 상준이는 집안 형편 때문에 접쇠를 키우며 소테우리로 젊은 시절을 보냈다.

우리 권당 한 분은 4·3사건으로 여러 조상이 한날한시에 돌아가시자 제기와 제수를 마련할 길이 없고 지방도 일일이 써 붙이지 못해 명절과 제삿날에는 몇 해 동안 함박제를 지냈다. 함박제는 함박에 메를 담아 제사를 지낸다는 뜻이다. 지방과 제물을 따로 차리지 않고 큰 함박 한 그릇에 메를 가득 떠 놓고 신위 숫자만큼 수저를 메에 꽂았다. "이거는 할아버지 꺼, 할머니 꺼, 큰할아버지 큰할머니, 큰삼춘 내외, 작은삼춘, 큰형님, 작은형님, 조카 숟가락" 하며 위패를 세면서 술잔을 올려 지내는 제사였다.

사실은 우리도 밥을 먹을 때면 큰 함지박에 보리밥을 쌓아놓고 그 둘레에 앉아 국과 수저만 따로 해서 먹었으므로, 물자가 귀할 때는 큰 허물이 아니었다. 한편, 후손이 없거나 요절한 초상에 대해서는 인척에게 알리지 않고 집안 식구만 조용히 지내는 제사를 '까마귀모른제사'라고 했다.

마을에서 똑똑하다 싶은 젊은이는 형무소에 다녀왔다. 큰형님은 무슨 이유인지 목포형무소에서 일 년을 살았고 작은형님은 일본으로 도피했다. 나와 사촌 형제간인 김태희는 대동청년단 부단장이어서 각종 기록에 나온다. 토벌작전에 참여(1948.11.)했다가 무장대에 쌀을 보급했다는 무고를 받고 경찰에 잡혀갔는데, 징역 20년을 언도받아 마포형무소에서 3년여 동안 살다가 다행히 돌아오셨다. 오라위 이모부 박종실은 무장대 본부와 내통했다는 혐의로 목포형무소에서 징역살이하다가 살아났고 돌아온 후에도 감시와 수감 후유증으로 고생하셨다. 이런 분들이 많았다.

초등교 3학년(1952) 5월에 할머니를 따라 집터에 처음 갔다. 5살 때 떠나온 후 5년 만이었다. 할아버지가 세우신 마을학교(보성의숙)가 있었던 공회당 옛터를 거쳐 올라갔다. 동올레 동산(영평동 2040번지)에 경찰토벌대가 주둔했던 주둔소가 그때까지 남아 있었다. 한 면 길이가 약 20m나 되는 네모난 큰 돌성이었다.

올레로 접어드니 잡초로 우거진 집터는 황량했고 그렇게 고요할 수가 없었다. 강렬하고도 짜릿한 꽃향기가 바람결에 풍겨왔다. 무너지다 만 담벼락에 뙤약볕을 받으며 걸쳐 있던 하얀 찔레꽃이었다. 산야에 지천으로 피어 있던 것이었지만 집터의 찔레꽃은 그날따라 순백한 아름다움과 기품을 간직하고 있었다. 꽃줄기의 가시가 손대지 말라며 앙증스러웠다. 성인이 되어 장사익의 〈찔레꽃〉 노래를 알게 되자 목 놓아 울고 싶던 꽃이었다.

"하얀 꽃 찔레꽃 순박한 꽃 찔레꽃 별처럼 슬픈 찔레꽃 달처럼 서러운 찔레꽃 찔레꽃 향기는 너무 슬퍼요 그래서 울었지 목 놓아 울었지…."

소나무야, 소나무야

 소나무는 살아 있는 생령이지만, 유정물有情物인 동물과 달라 정신작용이 없는 존재로 분류하기 쉽다. 그러나 소나무에는 서기瑞氣가 서려 있고 위의威儀가 있다. 소나무의 상서롭고 이슬을 머금은 맑은 기운과 사시 청청한 모습이 우리 겨레의 정신을 지켜줬다. 소나무는 봄의 희망, 여름의 휴식, 가을의 운치, 세한의 후조後凋, 그 이상이었다. 그 어떤 것과도 바꿀 수 없는 마음의 안식이었다.
 소나무는 인간의 마음을 곧잘 알아들었다. 소나무마다 귀신樹木神이 있었고, 나랏님의 부르심 받은 소나무에게는 고유제와 산신제까지 지낸 후 대목수가 "어명御命이요!" 하고 외쳐야 순순히 포박당했다.
 도내의 소나무들이 빨갛게 죽어가고 있다. 대부분 '소나무 에이

즈'로 불리는 재선충병이 그 원인이라고 한다. 지구온난화에 따른 해충 확산 조짐, 생태계 교란과 맞물려 있다고 한다. 그 밖의 원인도 있다. 알 만한 도민이면 다 알고 있다. 소나무에 대한 사람들의 저주였다.

"조림한다고 소나무를 너무 많이 심었으니 더러 죽어야지." "소나무만 죽으면 지목地目이 달라지지." "저 소나무 때문에 땅값이 안 올라…." "저 소나무만 없으면 명당이지." "오름에 소나무를 심어 경관이 망쳤어." 심지어는 소나무가 나라를 망친다며 소나무 망국론亡國論을 주장하는 사람도 있었다. 이런 사람들이 소나무 죽이는 방법을 연구했다. 몰래 나무를 베어 내거나, 혹은 구멍을 뚫어 제초제를 주입하기도 하고, 혹은 나무 밑둥치 가죽을 한 바퀴 벗겨내기도 했다. 소나무의 죽음을 '잘코사니' 하는 군상들이 소나무를 악랄하게 적지 않게 죽이고 있다.

여기에다 소나무의 어두운 미래를 점칠 수 있는 광경은 또 있다. 애국가를 안 부르고 '적기가'를 부르는 인간들이다. 공교롭게도 애국가 2절의 주제는 소나무이다. '적기가'의 원곡은 우리에게 '소나무'라고 알려진 독일민요 '오 탄넨바움'이다.

국제로타리에서는 언제부터인지 이 노래를 '로타리, 마이 로타리'로 각색해서 주회週會 때마다 합창하고 있다. 또 영국에서는 이 곡을 '레드 플래그(The Red Flag, 6절)'라는 노동가요로 바꿔 불

렀으며, 다시 일본인이 '아까하타노 우타(赤旗の歌, 5절)'라는 민중 혁명가로 번안을 했고, 이 노래가 또다시 북한으로 유입되어 '적기가'(3절)라는 혁명가요로 둔갑했다.

'적기가'는 1948년 4월 제주 4·3사건 때 남로당 사람들이 불러 대었던 바로 그 노래다. 4분의 3박자의 못갖춘마디 원곡 '소나무'가 가지고 있었던 서정성은 차츰 상실됐고 그 대신 4분의 4박자 갖춘마디로 비장한 행진곡풍의 투쟁가로 변모됐다. 후렴에 "높이 들어라 붉은 깃발을 그 밑에서 굳게 맹세해 비겁한 자야 갈려면 가라 우리들은 붉은 기를 지키리라"라는 가사가 아직도 내 귀에 생생하다.

제주도에는 이 노래를 익숙하게 들어 알고 있는 분들이 많다. 1945년에서 1948년 사이 이 고장에 산 사람 가운데 '적기가'를 불러보지 않았거나 아니면 들어보지 못한 사람은 아마 한 사람도 없을 것이다. 6·25사변이 일어나자 '적기가'는 인민군의 군가의 형태로 재등장했다. 최근에는 종북 좌파들이 애국가 대신 이 노래를 부르면서 곳곳에 발을 뻗치고 있으니 한심한 노릇이다. 좌익진영의 입장에서 보면 공산혁명을 고무·찬양하는 노래겠지만, 적화통일을 고취하는 무섭고 소름 끼치는 노래이다.

은연중에 재선충에 감염돼 빨갛게 죽어가는 소나무가 수만 그루에 달하고 있다. 이대로 간다면 소나무가 50년 뒤에는 남한에서, 100년 후엔 한반도에서 사라질 것이라고 한다. 애국가 '남산 위에

저 소나무…' 가사도 바꿔야 할지 모른다. 자유민주주의와 소나무의 수호를 위해 참으로 걱정스러운 일이 아닐 수 없다. 소나무에 대한 '저주'를 먼저 막아야 연쇄적인 환경피해와 악순환을 극복할 수 있기에 하는 말이다. 청청한 소나무에 대한 당국의 각별한 관심과 보호를 당부한다.

우도牛島가 다섯 곳

　　내 본명이 김순택일 때 로타리클럽 회원이었는데 어느 날 제주대 김순택 교수님이 입회를 하셔서 잘 지낸 적이 있었다. 문제는 총무가 호명할 때 같이 대답하거나 상 받을 때 두 사람 모두가 일어서는 해프닝이 벌어졌다. 어릴 때는 같은 이름이 많아 그럴 만도 했지만 늙은 나이에 또 무슨 일인가. 하위자인 나는 슬며시 원불교 법명 김정택으로 이름을 바꾸어 필명과 로타리안 네임으로 변신했다. 지명에도 같은 이름이 있어 우도면 연평리 1외 비양도(32,814㎡)는 한림읍 비양도(517,696㎡)와 한자 이름까지도 같다. 제주도의 서쪽 날개 비양도飛揚島는 1002년(고려 목종 5) 6월 어디선가 날라 와서 생긴 섬이고, 동쪽 날개 비양도는 비상하는 섬이라고 풀이한다. 수산리 하면 애월읍 수산리인지 성산읍 수산리인지 알 수가 없다. 우리

고향이 제주시 가시동(가시나물)인데 서귀포시 표선면에도 가시동(가시리)이 있다. 두 동네 사람이 만나면 "제 고향은 가시동입니다." 하면 "나도 가시동인디?" 하며 어색하면서도 반갑기 이를 데 없다.

내가 레지던트 말년에 통영 선배가 자기네 고향에도 우도가 있다는 바람에 하루 코스로 다녀온 적이 있었다. 통영 선배는 제주 우도를 다녀간 우도 팬이시다. 그는 서빈백사西濱白沙에서 바라보는 지미봉이며 본도 모습을 눈물겹게 사랑하는 사람이다. 나는 제주 우도도 잣잣이(자세히) 알지도 못하면서 남의 동네 유람을 다녀온 셈이었다.

우도는 제주시 우도 말고, 경상남도 통영시 욕지면 연화리에 딸린 섬과 전라남도 고흥군 남양면 남양리에 딸린 섬이 있었다. 이밖에 전라남도 완도군 금일읍 사동리에 딸린 작은 섬이 있고, 충청남도 서산시 지곡면 도성리에 딸린 섬도 있다. 도성리 우도는 밀물 때는 큰소섬(대우도) 작은소섬(소우도)이라지만 썰물 때 이어진다고 한다. 통영 우도는 통영시 욕지면 연화리이며, 통영에서 통통배로 한 시간 거리에 있다.

맑은 바다와 심심치 않게 섬들이 있어 무척 평화스러운 곳이었다. 이곳 마을 가운데 숲이 있고, 한켠에 크게 자라는 생달나무 세 그루와 후박나무 한 그루는 천연기념물 제344호로 지정되어 있다. 나무의 크기가 15~20m, 전체 수관은 15m 정도이니 신목神木이라

할 만했다. 전남 보길도의 후박나무와 함께 우리나라에서 가장 큰 나무에 속한다고 한다.

마을 뒤편으로 돌아가 소섬 전체의 꼬리 부분에 해당하는 곳에 구멍섬이 있다. 한자로 '혈도穴島'라고도 하는 바위섬인데 가운데 구멍은 가로 세로 4m 정도로 네모반듯하게 뚫려 있다. 비슷한 곳은 세계 도처에도 있어서 이 혈도는 마치 일본 와카야마[和歌山県] 시라하마쵸[白浜町]에서 보았던 엥게츠시마[円月島], 타카시마[高嶋]와 비슷한 곳이었다. 풍취로만 알려졌다가 지금은 돌돔의 갯바위 낚시터로 유명해졌다.

우리는 우도 선착장 근처에 있는 작은 민박집에서 점심으로 해물밥상을 받았다. 지난 10월 매스컴에도 보도되었던 집이다. TV로는 예전 쓸쓸하던 모습과 달라 집은 낡았지만 아주 분주해 보였다. 이제는 식당, 민박, 낚싯배까지 한 번에 모든 것을 즐길 수 있는 곳으로 유명한 곳이 되었다.

민박집을 운영하는 분이 50대 후반의 부부인데 신혼살림을 이곳에서 농사일을 겸하여 민박사업을 시작했다고 한다. 그러니까 두 분이 민박과 식당을 열 때 우리가 방문했던 것이다. 이제는 신랑의 어머니와 신부의 친정어머니도 와서 함께 일을 한다고 한다. 시어머니는 학교 때문에 아이들을 뭍에 두고 섬 생활하는 며느리를 생각해 딸처럼 안으며 삼았고, 통영에 사는 친정엄마는 딸의 농사일과 민박을 돕고자 우도에 살다시피 하고 있었다. 제주도 같으면 사돈끼리 일하기가 힘들 것 같은데 다만 제 아들과 제 딸을 위해 함께 봉사하는 모습이 무척 감동적이었다.

대한민국에서 누워 있는 소의 형상을 하고 있다고 소섬, 즉 우도牛島로 불리는 곳을 헤아려 보니 다섯이고 모두 유인도이다. 예의 통영 우도와 남양리, 사동리, 도성리 우도 가운데 그래도 제주 우도가 많이다. 사돈끼리도 함께 일하는데 다섯 섬이 형제 삼아 결연이라도 맺어 물물교환이라도 했으면 좋겠다.

동백꽃 배지

우리 어릴 때 시집가고 장가가는 행차에 오색종이가 걸린 동백나뭇가지를 흔들었다. 동백은 열매가 많고 신성과 번영을 상징하는 길상목吉祥木이라 하여 혼례식 아치나 초례상에도 동백나무를 꽂았다.

우리나라의 무대에도 오르는 오페라 '춘희椿姬'의 원명은 이탈리아 작곡가 베르디의 '라 트라비아타(La Traviata, 1855)'이다. 세계인들의 사랑을 받는 이 오페라의 첫 장면이 '축배의 노래'인데, 화류계의 여주인공 비올레타가 가슴에 '동백꽃'을 꽂고 상류사회 남성들과 어울려 술잔을 들고 부르는 노래이다. 이 오페라의 원작은 프랑스의 소설가 알렉상드르 뒤마가 '동백 아가씨(La Dame aux Camelias, 1848)'란 제목의 연애소설이다. 동서양을 막론하고 동백꽃을 달고 다니는 사람들의 정신을 온전하다고 하지 않는다. 특히 빨강 동백꽃을 한 달에 닷새만 달고 다니는 여성들에겐 더욱 그런 인상을 준다. 서양에서도 그렇고 제주도에서도 그렇다.

동백꽃의 이미지는 청마 유치환의 '목 놓아 울던 청춘의 피꽃'처럼 고답적인 문학작품으로 승화되기도 하였고, 대중문화에서도 크게 사랑을 받았다. 이미자가 신성일 엄앵란 주연의 영화 〈동백아가씨〉의 주제가를 불러 트로트 '동백 아가씨(1964)'로 등극할 무렵 일본 열도에는 재일교포 미야코 하루미(본명 기타무라 하루미[北村春美], 한국명 이춘미李春美)의 '아가씨 동백꽃은 사랑의 꽃'[アンコ椿は 恋の花]이 뒤흔들고 있었다. 이미자의 노래는 왜색풍倭色風이라는 경쟁사의 모함 때문에 수십 년간 금지곡으로 지정됐었다. 동백꽃은 이후 송창식의 '선운사 동백꽃'이 되고, 정태춘의 '선운사 동백꽃이 하 좋다기에'가 되어 다시 또 대중의 사랑을 받게 된다.

이 동백꽃이 난데없이 제주 4.3사건 70주년(2018) 기념 배지로 70만 개나 제작되어 널리 보급되었다. 그 기간도 지났는데 특히 도의회 의원들이 당신네 고유 배지는 아니 달고 이것을 달고 다니는 이들이 많다. 신분 따위를 나타내거나 어떠한 것을 기념하기 위하여 옷이나 모자 따위에 붙이는 물건을 '배지(badge 徽章)'라고 한다. 제주도 사람만 단 것이 아니고 제주도를 다녀가는 멀쩡한 신사 숙녀가 가엾은 비올레타처럼 동백꽃을 가슴에 달았으니 신분의 표시는 아닌 것 같다.

동백꽃이 4·3사건의 상징처럼 나타난 것은 1992년 4월 21~27일 제주시 세종미술관에서 열렸던《강요배의 역사그림전시회-제주민중항쟁사》였다. 나는 그 전시회를 적극적으로 유치하고 후원했던 한 사람이었다. 故 김현돈 교수(미술평론가)는 이 전시회를 관람하면서 작품〈동백꽃 지다〉를 비롯한 연작을 '리얼리즘의 승리이며 우리 역사화가 가야 할 이정표였다.'라고 극찬하였으니, 나에 대한 칭찬이나 다름 아니었다.

강요배 화백의 작품 한 점 한 점이 철저한 실사구시實事求是의 정신으로 역사적 사실을 품고 있는 것이었다. 역사와 미술이 어떻게 만날 수 있을지를 보여준 뜻깊은 전시회여서 나는 남모르게 큰 보람으로 생각했다.

강 화백의 그림 '동백꽃 지다'는 전시장에 들어서자마자 적록의 조화가 시각을 강렬하게 압도했다. 밀집한 빨강 동백꽃이 흑록색 이파리 배경에 떨어지다가 그대로 멈춘 꽃송이 하나였다. 그 작품의 유래가 동백꽃 질 무렵 가족이 살해되었다는 한 유족의 제보를 듣고 형상화한 것이었다고 들었다. 그의 그림은 떨어지는 강렬한 이미지를 나타낸 것이지 정물화나 풍경화가 아니었다. 물론 동백나무 숲 한구석에는 '나대'로 사람을 쳐 죽이는 모습이 있긴 하지만 거의 보이진 않고 오직 떨어지는 꽃송이만 돋보였고 그것이 포커스였고 그가 주장하는 본론이었다.

　그의 그림은 곧 유명해졌지만 그 동백꽃의 매력과 절정은 '떨어질 락落' 그 자체에 있었다. 숲속에서 동백꽃이 뚝 하고 떨어지는 모습이 보이는가 하면 떨어지는 그 소리까지 들리는 그림이었다. 온전한 꽃송이 채로 떨어지는 붉은 토종 동백의 순간 포착은 슬픔과 아름다움을 넘어 숭고하기까지 했다.

　말릴 사이도 없이 꽃잎 하나 상하지 않은 채 떨어짐으로써 꽃송이의 수명은 끝난다.

　주저할 것도 없고 미련도 망설임도 없다. 아등바등 살아보겠다는 구차스러움이 없다.

　이 탐스러운 꽃 모가지를 뚝 내던져 버리고 처연하고 장렬하게 순교한다.

　'눈물처럼 후두둑 지는'(선운사) 그 모습을 두고 사람들은 극적인 아름다움을 이야기하곤 했다. 가장 아름답게 만개한 상태에서 마치 단칼에 목이 날아가는 것처럼 춘수락椿首落이었다. 삶의 숙명적인 허무 같은 가엾음을 느끼게 되지만 동백꽃이 속절없는 죽음의 상징이라면 불길하다.

　사람들은 저마다 좋아하는 꽃이 있다. 특정한 꽃이 상징하는 어떤 이념에 대해 공감을 강요할 일이 아니다. 제주 사람이면 누구에게나 동백꽃의 이미지가 선연하게 가슴에 남아 있는데 구태여 꼽고 다니면서 남창男娼이니 창녀娼女이니 비판받을 일이 아니다. 동백꽃은 자연 상태에서 즐기고 혹은 그 낙화의 슬픔에 공감하면 그만이지 잔치도 끝났는데 비표秘標나 훈장처럼 달고 다니는 꽃이 아니다.

저 작품은 얼마짜리일까

　예전에 전시 공간을 운영한 적이 있는 나로서도 미술(서예 포함) 작품 가격에 대해서는 쉽게 물어보지 못한다. 당연히 돈으로 작품을 사고팔겠지만 아직도 작품의 가격을 대놓고 묻거나 따지지는 못한다. 어설프게 질문했다가 나의 무식과 얕은 식견이 탄로 날까 두렵고, 어리석은 내 질문으로 작가가 상처를 받지 않을까 하는 걱정이다. 그래도 솔직히 물어보면 대답은 해주더라.
　소암 현중화(素菴 玄中和 1907~1997) 선생은 재세시 서실 벽에 '운필료 반절 30만원, 2폭 가리게 50만원, 병풍 150만원'이라 고시한 적이 있었다. 1980년대 초였다. 김택화(金澤和 1940~2006) 화백이 쌍수를 들어 환영했다. "선생님으로 하여 제주도의 예술인들이 살길을 찾았다. 선생님 이전에는 작품대를 지불할 생각조차 하지 않았

김 정 택

다."라고 말했다.

『소암어록素菴語錄』에 나오는 이야기인데 소암 선생은 "예전에도 비석이나 입춘방이나 휘호나 병풍이나 청탁이 없지 않았으나 기껏 담배 한 갑이나 박주 한 병으로 사례하였다. 그래서야 어떻게 예술인들이 작품 활동을 천직으로 삼으며 좋은 작품이 나올 수가 있겠는가, 응분의 운필료를 낼 줄 알아야 한다."고 일갈하셨다.

소암 선생이 신나게 휘호하고 훌훌히 거저 나눠주셨던 작품이 요새는 한 폭에 70만 원, 병풍 1점에 500만 원을 호가呼價한다고 한다. 생존 작가 가운데에도 순수한 예술혼만으로 작업을 하고 전시를 하는 분이 적지 않다. 한때 미술작품의 가격을 크기로 기준한 적이 있었고, 제주 사회에서도 화가를 말할 적에 호(1호는 대개 엽서 한 장 크기)당 얼마를 주어야 한다는 이야기가 나돌고 있었다. 변시지(宇城 邊時志, 1926~2013) 선생 생전에 대놓고 물어본 적이 있었는데 "작품의 크기를 놓고 말하지 말라, 그러나 내 작품을 강연히 말한다면 호당 200만 원은 주어야 한다."는 답변이셨다. 몇 년 전 백범 김구(白凡 金九 1876~1949) 선생의 친필 병풍을 1억 5천만 원에 내놓고 2억 원에 경매되었다는 보도가 있었다. 10폭으로 구성된 병풍인데 나머지 9폭과는 짝이 안 맞는 1점이 붙어 있었다. 그 작품이 바로 김구 선생이 제주를 내방했던 1946년 제주농업학교 교장실에서 직접 휘호한 남이장군 시 "白頭山石 磨刀盡~"(가로 31.7㎝,

세로 132.5㎝)이었다. 1폭당 2천만 원에 상당한 셈이다. 아까운 노릇이다.

누구에게나 궁금한 내용은 솔직히 "이 작품은 얼마나 하나요?" "왜 이렇게 비싼가요?" "이렇게 비싸도 사람들이 사나요?" 하는 질문이다. 궁금해서리 내가 물어보는 순간 왠지 속물근성을 드러내는 것 같고, 작품 가치를 나 혼자 알아보지 못한다고 공개적으로 실토하는 것 같았다.

국내 미술품의 유통 가격을 연구하는 사단법인 한국미술시가감정협회는 가격을 결정하는 두 가지 요소를 제시한 바 있다. 첫째 기초사항은 작가의 학력, 전시활동, 소장 상황, 보도내용이고, 둘째는 작품의 보존상태, 크기, 작품성, 시장성 등 작품 상황이었다.

시장의 원리는 그 작품을 원하는 사람이 많으면 가격이 올라간다는 것이지만, 몰아 말하자면 작품가격은 경향각지를 막론하고 떠도는 소문일 뿐이다. 터무니없는 가격일 수도 있고 공짜일 수도 있다. 모든 작품이 항상 시장에서 정확한 가격으로 평가받는 것은 아니다.

자기 작품은 몇백만 원은 주어야 팔겠다고 기염을 토하면서 정작 담배 한 갑 살 돈이 없어 평생 궁하게 지냈던 작가를 알고 있다. 세상에 뜻을 얻지 못하고 남보다 이름이 앞서는 것도 없고 자기를 도와줄 지원자도 없이 초췌하고 곤고한 모습으로 처량한 생활을 하였다. 그러한 예술가들이 이루 헤아릴 수 없고 보면, 예술이 사람을 궁하게 만든다고 세상에서 말하는 것이 당연하기도 하다.

장유(張維, 1587~1638)는 영달 기준에 인간사와 하늘의 기준이 다르다면서 예술이 사람을 빈궁하게 만든다는 주장에 대한 반론을 '시능궁인벽詩能窮人辯'으로 제시하였다. 공자와 안자가, 두보와 맹호연이 영달하지 못하고 빈궁했다고 말하는 것은 궁달窮達의 의미를 제대로 알지 못한 것이다. 하늘이 어떤 재능을 사람에게 부여한 것은 대개 만세토록 명성을 이루게 함이며 구구한 한때의 궁달에 매달릴 필요가 없다는 것이었다. 예술가들의 고난한 현실은 더 이상 중요하지 않고, 사건을 통해서 받아들인 왜곡된 기억, 가령 '돈만 아는 하르방' 따위의 비방만 남게 된다. 내가 잘못 기억하는지 모르지만 문형태 화백은 "진실이란 현실의 풍경이 아니라 거짓 속에서 가능하다."고 말한 적이 있다.

예술품의 가치를 보통 사람들은 제대로 알지 못한다. 가치 설명을 설득력 있게 내놓는 전문가가 있었으면 좋겠다. 미술전공이 아닌 나 같은 영찬影贊 작가는 비할 수가 없다. 소주 한 잔을 얻어먹으면 나는 넘어가는 아마추어이다. 얻어먹은 술 한 잔이 빚스러워 애써 작품을 만들고는 '가져주세요' 하고 내어준다. 그래도 내게는 아직 청탁이 없다.

이부림

오래전 작은 꿈들
상상은 자유
습관의 대물림
젊은 언니들

bulimy@hanmail.net

전남 광주 출생

숙명여대 가정학과 졸업

1994년 『현대문학』 수필 당선

숙대문학인회 회장 역임

수필집 『대문 안쪽』

오래전 작은 꿈들

창경원 수정궁

　1950년대 중반, 종로5가와 대학로 사이에 있는 충신동에 살았다. 고향에서 친척들이 상경하면 으레 우리 집이 중간 정거장으로 숙박 장소였고 일요일이면 원남동이나 혜화동로터리를 지나 창경원에 가서 동물원 구경을 시켜드렸다. 당시 서울의 명소는 남산 케이블카를 타고 서울 시내를 내려다보는 것과 창경원 동물원이 제일 인기 있었는데 안내자는 언제나 당시 여중생이던 나였다.

　창경원 대문인 홍화문에 들어서면 왼쪽으로 동물원이 빙 둘러 있고 오른쪽에는 '춘당지'라는 큰 못이 있다. 1907년 순종이 창덕궁으로 가고, 일제 치하에 창경궁을 동물원과 식물원으로 만들어 1909년에 일반에 공개했다.

동물원을 한 바퀴 돌아 다리가 아프면 '춘당지'를 바라보며 앉아 쉬었다. 못가 건너편에는 '수정궁'이라는 음식점이 있었다. 시원한 사이다 한 잔은 고사하고 창경원 내에 식수대도 없던 시절이라 물이라도 한 모금 마시고 싶은 마음에 수정궁만 바라보며 마른침만 삼켰다. 우리 집과 창경원의 거리는 점심 먹고 걸어가서 구경하고 돌아와 저녁을 먹으면 딱 맞는 거리였다. 먹고 싶다고 조를 줄도 모르고 어른들은 사주지도 않아 항상 춘당지 건너만 바라보았다.

1964년에 일식 수정궁을 헐고 팔각형 정자모양의 4층짜리 대형 음식점으로 바뀌었다. 1984년 창경궁 복원 공사가 시작되자 철거하면서 궁궐 안에 음식점이 없어졌다. 동물원을 서울대공원으로 옮기고 다시 창경궁으로 돌아온 지 근 40년이다. 이제 조용한 춘당지를 끼고 산책이나 할 수밖에.

야간열차 가락국수

6·25동란 후 1950년대는 열차 사정도 어려웠다. 호남선 야간열차는 좌석 번호는커녕 입석 제한도 없어 먼저 앉은 사람이 임자였다. 자리를 잡지 못하면 통로에 꽉 들어찬 승객 틈에 끼어 서서 종점까지 가야 했다. 화장실 다니기가 제일 힘들었다. 심지어 좌석 윗벽에 붙은 짐 선반에도 사람들이 올라갔다.

대전역은 경부선과 호남선이 갈라지는 곳인데 열차를 돌리기 위한 대기 시간이 10여 분 정도로 정차 시간이 길었다. '대전발 0시 50분'이라는 노래처럼 한밤중에 열차가 대전역에 도착하면 기운 좋은 남자들이 후다닥 뛰어 내려갔다. 승강장에 설치된 간이식당에서 가락국수를 사 먹기 위해서다. 가락국수는 일본 음식 '우동'을 우리나라식으로 멸치육수에 말아 먹는 물 국수다. 뛰어 내려가 한 젓가락만이라도 먹어보고 싶었지만 통로에 서 있는 사람들을 헤치고 나갈 엄두도 못 내고, 빨리 먹고 올라올 자신도 없었다. 방학 때마다 호남선 야간열차를 타고 광주에서 서울에 오가면서 아예 먹는 것은 포기하고 창밖의 광경만 바라보았다. 간이 식탁 앞에 둘러서서 뜨거운 국수를 몇 분 내로 정신없이 먹고 서둘러 우르르 타는 걸 보면서 기차를 놓치는 승객이 없나 하고 가슴 졸이던 여학생이었다. 가락국수의 뜨거운 김이 차가운 밤하늘에 하얗게 피어올라 흩어지듯, 70년 가까운 옛 풍경이 가물가물 사라지고 있다.

서울역그릴

'서울역그릴'은 1925년에 철도청이 서울역의 전신인 경성京城역에 문을 연 대한민국 최초의 경양식 레스토랑이다. 돈가스 역시 이곳에서 처음 선보였다고 한다. 일제 강점기나 해방 후에도 정치인들이나 유명 인사, 재력가들만 드나들던 곳이었다. 붉은 벽돌 건물 중앙에 커다란 벽시계가 있는 근대사를 기념하는 역사驛숨다. 서울역

대합실에 들어서면 왼쪽에 서울역그릴이 있었다. 1950년대, '그릴'이나 '레스토랑'이라는 생소했던 단어를 접하면서 문안으로 살짝 보이는 광경은 다른 세계 같았다. 저 안에서 어떤 음식을 어떻게 먹는지 궁금했지만 들어갈 기회도 용기도 없었다.

대학 시절까지 동경하던 곳. 색다른 분위기에서 우아하게 식사를 즐기는 호사를 한 번쯤 누려보고 싶었던 곳이다. 2011년 서울역 역사를 복원해서 '문화역 서울 284'로 복합문화공간이 되었다. 지금은 고속철도 민자 역사인 서울역에, 옛날 이름을 살려 서울역그릴이 재오픈했는데 추억이 있는 60·70세대들이 많이 찾는다고 한다. 서울역 롯데아울렛 4층이란다. 위치가 다르지만 거기라도 가서 옛날식 돈가스를 시켜 먹으면 오래전의 꿈이 채워질까. 같이 가줄 사람이 나서면 내가 한 턱 크게 쏠 텐데.

새마을호 식당 칸

호남선의 야간열차이던 통일호가 달리다가, 무궁화호, 태극호 특급 열차에 이어 1969년부터 새마을호가 등장했다. 유선형의 멋진 모습에 운행 시간도 단축되었을 뿐만 아니라 낮에만 탈 수 있어 편리했다.

새마을호 한 칸에 식당이 있었다. 간단한 경양식에 맥주도 마신다고 한다. 직장생활을 하면서 새마을호를 됐다. 하시만 그렇게 벼

르던 식당 칸에 들어가서는 여자 혼자 밥을 사먹는 데 익숙하지 않아 빈 테이블에 선뜻 앉지 못하고 통로를 지나가다 돌아 나와 버렸다. 요즘 혼 밥 혼 술이 보통인데 비하면 그때는 식당 문화가 세련되지 않아서였겠지.

2004년, 새마을호 운행이 종료되고 KTX가 개통되었다. 이제라도 KTX 식당 칸에 가볼까 했더니 운행 시간이 짧아져서 식당 칸이 없어졌다고 한다. 남북이 정상화돼 KTX가 원산 평양을 지나 러시아까지 오래 달리게 되면 식당 칸이 다시 생길 것이다, 그때는 바깥 풍경을 바라보며 맛있게 식사를 하면서 장거리 기차여행을 즐길 수 있겠지.

상상은 자유

동문 작가회에서 안내 문자가 왔다. 시청 근처에 있는 호텔의 양식당에서 모임을 갖는단다. 주로 대학로나 인사동 쪽에서 만났는데 호텔 같은 고급 장소는 오랜만이라 우선 기분이 좋았다. 호텔 레스토랑이면 점심식사라 하더라도 기만 원은 넘을 텐데 회비에서 내는 건 무리일 테고, 누군가 크게 한턱 쏘는 모양이다.

'모처럼 스테이크를 자를까? 아니면 뷔페? 코트를 벗고 음식을 가지러 왔다 갔다 하려면 옷차림에 신경 좀 써야겠네.' 이 옷 저 옷을 걸쳐 보다가 이 계절이 아니면 입을 틈이 없는, 약간 도톰한 원피스를 차려입었다.

벨보이들이 깍듯이 허리를 굽히며 안내하는 회전문을 돌아서, 넓고 환한 로비를 지나 에스컬레이터를 타고 2층으로 올라갔다. 멋진 양식당 한쪽에 30명 정도 들어갈 수 있는 방이 있었다. 문을 닫으면 홀과 차단되어 모임 갖기에 딱 좋은 방이다. 길게 붙여 놓은 식탁에는 수저가 놓여있다. 무엇을 먹을지 궁금한 마음에 식사 나오기만 기다려진다.

"오늘 점심 메뉴는 세 가지가 있습니다. 오뎅우동, 가츠동, 북어국밥이 미리 준비되어 있으니 나오는 대로 골라 드시면 됩니다."

씹는 맛의 스테이크는 고사하고 양식당에 와서 일식과 한식의 단품을 먹는다. 점심 특선 메뉴라지만 마음에 와닿지는 않는다. 그래도 나름 고민해서 가츠동을 시켜본다. 하지만 맛도 그럭저럭이다. '내가 기대를 너무 했나? 뭐, 상상은 자유니까.'

몇십 명이 식사하는 모임은 장소가 문제다. 전철역이 가깝고 분위기 있고 테이블 의자에 음식이 맛깔스러우면서도 저렴한 곳이어야 한다. 이번 임원들이 수소문해서 찾아냈나 보다.

"다음 모임은 예전대로 인사동으로 갈까요? 아니면 여기는 어떻습니까?"

교통 좋고 장소는 마땅한데 식사는 좀- 하는 표정으로 서로 눈치를 보거나 옆 사람과 소곤거리더니 하나둘 손을 든다. 나도 음식보다는 분위기를 택하고 말았다.

"다음 모임도 이곳에서 갖겠습니다."

박수 소리를 들으며 잠깐 생각한다. '그럼… 다음 모임에는 무얼

먹지? 안 먹은 것 중에서 골라야 할 텐데… . 그런데… 혹시 스테이크가 나오지 않을까?' 다시 즐거운 상상을 해본다.

 문학단체에서 다음 모임 안내장이 왔다. 날짜와 시간 아래 장소를 보니 정기적으로 만나던 인사동 쪽이 아니다. 전철 1호선 회기역에서 K대 쪽으로 10분 정도에 있는 '모델만들기' 건물 3층이라고 적혀 있다. 장소가 다른 걸 보니 회장단이 바뀌고 처음 만나는 날이다. 회기동이 시 외곽지대는 아니어서 교통이 불편한 건 아니지만 의외다.
 학원인가? '모델만들기'라면 모델을 꿈꾸는 키 크고 비쩍 마른 마네킹 같은 여자들이나, 멋지고 잘생긴 녀석들이 드나드는 곳일 테니 어쩌면 눈요기도 할 수 있겠지. 모델학원은 강남에 몰려 있는 줄 알았는데 이제 강북으로도 세를 넓혀가는 모양이다.
 모임 날 길을 나섰다. 인도를 따라 올라가면서 건물을 살폈다. 고층 건물은 없고 소도시 번화가인 듯 왕복 4차선 도로에 가로수와 가로등 전봇대가 번갈아 늘어선 인도 위로 겹겹의 전깃줄이 동네를 감싸고 있다.
 '잘 못 왔나? 분명 회기역이고 삼거리를 지났는데….' 불안한 마음에 오른쪽으로 고개를 들어 간판만 읽으면서 걸었다.
 '모델만들기' 간판이 보인다. 당장 리모델링이나 재건축을 해야 할 것 같은 허름한 건물 1층에 있는 자그마한 사진 가게로 유리창에 예쁘고 멋진 몇 몇 고객들의 사진이 붙어 있다. 설마 아니겠지 하는 마음에 건물을 지나서 조금 더 걸어갔다. 그런데 그곳이 모임 장소 같은 느낌이 들어 이내 되돌아와 오래된 낡은 건물 앞에 다시 섰다. '모델만들기'라는 간판이 무색하다. 간판이 아니라 내 추측이 무색한 것이겠지.

회원을 만나 같이 들어갔다. 건물 바닥은 반세기도 이전에 유행했던 돌과 시멘트를 섞은 인조석인 '도기다시'다. 엘리베이터도 없이 우중충한 계단을 걸어 오른다. 팔십을 넘으신 선배님들은 계단을 오르려면 힘들 텐데.

'사진관인지도 모르고 학원 같은 곳만 한참을 찾았네요.'

회원의 말에 슬그머니 웃음이 나온다. '내 생각과 같았구나.'

'왜 이런 곳으로 오라고 했을까?' 궁금한 채 쉬엄쉬엄 올라갔다. 3층에 30여 명의 식사자리가 마련된 홀이 있었다. 힘든 다리를 추스르고 둘러보니 예상 외의 장소였다. 오래되어 보이는 그림과 거칠게 쌓여 있는 책들 사이에 도자기와 조각이 끼어 있어 마치 늙은 예술가의 작업실 같았다. 어쩌면 칸막이처럼 서 있는 낡은 책장 뒤에는 멋진 시니어 모델이 서 있을 것만 같기도 하고.

안내장에 그냥 '모델만들기 사진관'이라고 적었으면 기대를 주지 않았을 것이다. 누구나 비슷한 생각을 할 테니까. 그리고 쉽게 잊혔

겠지. 하지만 전혀 엉뚱한 상상을 해서인지 지금도 오래된 작은 사진관을 보면 낡은 건물과 어울리던 그 홀의 풍경이 되살아나 슬그머니 미소 짓는다. 기대치가 큰 즐거운 상상은 잠시나마 일상의 활력소가 되어준다. 반전이 있더라도.

습관의 대물림

1. 친할버니

유치원에서 원생의 할버니*에게 아이들이 차 대접을 한다는 초대장이 왔다. 현관에서 맞이하던 선생님이 "누구 할머니시죠?" 하며 이름표를 달아준다. 행사장에서 가슴에 이름표를 걸어주면 내가 VIP가 된 듯 기분이 좋으면서도 명찰 값을 해야 할 것 같은 긴장감이 생긴다. 내려다보니 '○○○ 친할머니'라고 씌어 있다. 할머니면 됐지, 굳이 '친할머니'라니. 대기실로 들어갔다. 모두 친할버니 아니면 외할버니다.

손자 손녀를 손주라고 한다. 손주 중에는 손자 손녀와 외손자 외손녀가 있다. 아들의 자식은 친손주요, 딸이 낳은 애는 외손주다. 혈통에 따라 아버지의 부모는 친할버니인데 오래된 관습으로 친가의

'친'을 생략한 채 그냥 할버니로 부른다. 대가족으로 3~4대가 한집에 살거나 차남 등 분가한 아들네도 친가쪽은 으레 '할버니'였다. 핵가족이 많아지고 친가와 외가의 어른들을 아이들이 구별하면서 요즘은 '친할버니'를 많이 사용하고 있다.

유치원에서 할머니를 초대할 때 친가 외가를 편의상 나누었겠지만, 요즘은 아이 엄마들이 친정엄마가 돌보아 주는 걸 더 편하게 생각한다. 그래서 친손주들은 며느리의 친정인 사돈댁에 맡기고 본인은 외 손주를 보아 주는 경우가 많다. 그런데 우리 집은 친가 외가 모두 떨어져 살다 보니 친할버니 외할버니보다 '회기동 할머니', '분당 할아버지'로 통한다. 지난번 내 생일 편지에도 '친할머니 오래오래 사세요'라고 쓰여 있었다. 친할머니이니 더 친해야 할 텐데 조금 서먹해진다. 우리 어머니 세대까지만 해도 처녀가 시집을 가면 새댁을 친정 동네 이름을 따서 '공주댁, 이천댁' 같은 댁호로 부르던 생각이 난다. 이제 어린 손주들이 헷갈리기 쉬울 테니 할머니들은 이사를 자주 해도 안 되겠다.

2. 들어가세요

전화를 걸거나 받을 때 대부분은 '여보세요'하고 상대방을 부른다. 예의를 차릴 경우는 '반갑습니다, 안녕하세요.' 하는데 가까운 친구나 아랫사람한테는 '나야 뭐해?' 또는 '어디야?'라고도 한다. 전화를 끊을 때는 "안녕히 계세요." "네 편히 쉬세요." "그럼 끊어." 라든가 "좋은 하루 되세요." 정도로 상황에 따라 인사를 한다. 그런데 납작한 핸드폰을 귀에 바짝 대고 "네, 들어가세요." "안녕히 들어가세요." 하는 말을 종종 듣는다. 어디로 들어가라는 말인가? 거실에 있으면 방으로라도 들어가는데 길에서 통화하거나 방에 있으면 들어갈 곳이 없다. '그럼 수화기 속으로?' 웃으면서 나도 습관적으로 "들어가세요."라고 한다. 마치 문 앞에서 헤어지는 인사처럼 "들어가세요."라니.

　전화국 교환수를 통해서 전화하던 시대가 엊그제 같다. 동네에 한집 정도 전화기가 있으면 동네 공중전화기였다. 전화기를 대청에 놓아두거나 툇마루 기둥 벽에 걸어 놓으면 동네 사람들이 누구나 와서 전화를 걸거나 받았다. 그러면 전화를 끊고 이제 집으로 가거나 방으로 들어가라는 뜻에서 "들어가세요."라고 했는데 지금도 사용하고 있다. 습관의 대물림이다.

　어린 손녀가 전화놀이를 하면서 "안녕히 들어가세요." 한다. 어른들이 하는 걸 듣고 배운 것이다. "어디로 들어가?" 하고 물으니 "몰라요." 하며 제 방으로 들어간다. '들어가세요.'가 언제까지 이어질까.

　핸드폰으로 영상 통화를 하던 손녀가 '친할머니- 안녕히 들어가세요-' 하며 배꼽 인사를 할지도 모르겠다.

3. 에스컬레이터

지하철역이나 대형 쇼핑몰에 가면 으레 에스컬레이터를 탄다. 지하철역은 그동안 많이 타 보았는데도 첫발을 내디딜 때면 언제나 긴장이 된다. 지하공간의 효율성 때문인지 일반 계단보다 비교적 경사가 심하고 길이도 멀다. 옆에 있는 계단은 중간 참이라도 있는데.

에스컬레이터를 이용하는 데 안전 수칙이 있다. '손잡이 잡고 두 줄로, 걷거나 뛰지 않기, 안전선 안에 탑승하기'다. 그런데 오른쪽은 한 줄로 서 있고 왼쪽으로만 걷는다. 언젠가 전철역에서 에스컬레이터를 타고 올라가는데 오른손은 손잡이를 잡고 왼손에 가방을 들고 있었다. 몸집이 큰 청년이 옆에서 올라가다 내 가방을 툭 건드렸다. 갑자기 무게중심이 흐트러져 흔들리면서 넘어지려고 하는데 마침 뒤에 있던 처녀가 잡아 주었다. 계단 위나 아래 있는 사람에게 부딪쳤더라면 도미노 현상으로 무너져 내려 큰 사고로 이어질 뻔했다. 그래서인지 한 줄로 된 에스컬레이터를 타면 오히려 마음이 편하다.

2002년 서울에서 열린 월드컵을 앞두고 한 줄 서기 운동을 벌였다가 탑승자의 안전과 기계 수명을 위해서 2007년에 두 줄 서기 캠페인을 벌였다. 그런데 이용객 대부분이 두 줄 서기 캠페인의 실용성을 공감하지 못했는지 제대로 호응하지 않고 여전히 한 줄로 서서 오르고 옆줄은 걸어가는 계단인 양 비워 놓았다. 그래서 2015년

8년 만에 두 줄 서기 캠페인이 폐지되고 말았다. 한 줄 서는 문화가 굳어버렸기 때문인가 보다.

금방 도착하는 전철을 놓치지 않으려고 종종 뛰는 사람도 있다. 에스컬레이터에서 뛰면 그 충격이 걸을 때에 비해 100배가 더 넘고 발판이 받는 충격으로 인해 밑에 들어있는 기계의 균형이 깨져 고장이 잦다. 두 줄로 서서 오르고 내릴 때는 수송률이 30~50%가 늘어났다는데 지금도 여전히 한 줄로 서서 간다. 바쁜 사람을 위해 한국인이 갖고 있는 배려심이겠지만 효율을 위해 두 줄 서기가 정착되었으면 한다. 사람 옆에 나란히 서면 뒤에 걸어가려는 사람들을 막고 서서 방해가 된 듯 미안하다. 버티고 싶지만 비켜 서주게 된다.

'차는 오른쪽 사람은 왼쪽'에 오랫동안 익숙해 있고 계단이나 복도에서도 사람은 우측통행에 길들여져 왔다. 그래서 에스컬레이터를 탈 때도 두 줄로 타면 좋을 텐데 꼭 한 줄로 서 있다. 개인의 습관도 고치기 어렵지만 모든 이의 습관도 쉽게 바뀌지 않는다.

* 할버니 : 할아버지와 할머니의 합성어

젊은 언니들

공항 문을 나선다. 남쪽의 야자수들이 나란히 서서 반갑다고 살랑거린다. 한 시간 남짓 하늘을 날아와서 워싱턴 야자수의 인사를 받으면 제주도는 우리나라 섬인데도 먼 나라인 듯 올 때마다 이국적인 정취에 매료돼 신선한 감동을 받는다. 키 큰 야자나무 아래 관광버스들이 줄지어 서 있다. 우리는 '광주여고'라고 써 붙인 버스에 올랐다.

십 년 전 회갑을 맞은 젊은 언니들이 '우리가 꽃갑이라네'를 외치며 인생 61년 차 기념 여행으로 중국 북경과 서안 계림을 다녀왔다. 이번에는 소위 7학년에 입성하는 고희를 자축하며 여고 동기생들이 제주도를 찾은 것이다. 시간은 흘렀지만 반세기 전에도 10년 전에도, 지금도 우리는 여고생이다.

요즘 제주도 관광은 '올레길'을 빼놓을 수 없다. 서귀포 육지와 무인도인 새섬을 연결한 세연교 트레킹을 마친 다음 제주도 해변을 따라 개장된 14코스의 올레길 중 7-1을 택했다. 산자락 아래 수려한 해안을 옆에 끼고 걷는 길로 코스가 짧으면서도 '외돌개' 등 경관이 빼어난 곳이다. 제주도는 기후 변화가 심해서 여행 3일 동안 한라산 봉우리를 볼 수 있으면 행운이라는데 우리는 제주도 풍광을 한껏 누리며 걸었다.

원색 차림에 등산모나 썬캡 선글라스로 무장한 젊은 언니들이, 50년 전 흰 체육복 바지에 넓은 챙이 달린 하얀 교모를 쓰고 무등산 중턱에 있는 '증심사'로 소풍 가던 여고시절의 처녀로 돌아가 열 지어 줄지어 조잘거리며 걷는다. 망망대해가 가슴을 확 트이게 하고 잔잔한 파도는 까만 바위벽을 간질이고 햇빛과 바람이 몸 구석구석에 생기를 넣어 준다. 한두 시간의 산책쯤 아직도 거뜬한 친구들의 묵은 우정이 흐르는 올레길이었다.

많이 걸었으니 쉬어가자고 산방산 탄산 온천에 들렀다. 산방산 온천은 국내 다른 온천에 비해 주요 성분이 다섯 배나 많이 함유된 중탄산나트륨 온천으로 수질 좋은 제주 지하수가 자랑인 보양 온천이라 한다.

외부 손님이 별로 없어 우리들 세상이었다. 아직도 에어로빅을 하고 있다는 한 친구는 탱탱한 피부가 30대 엄마 같아 부러웠다. 샤

워를 하고 온탕에 들어가서 피부 표면의 모공을 확장하고 천연 탄산수 탕에서 탄산 기포욕을 했다. 탕 속에서 10분 정도 지나니까 온몸에 작은 물방울이 달라붙어 마치 눈사람처럼 보인다. 하얀 물방울 비늘이 몸에 돋아 인어 아가씨라도 된 듯 헤엄치고 싶은데, 움직이면 떨어져 가만히 있어야 했다. 31도로 약간 차갑게 느끼던 물이 탄산 성분 때문인지 시간이 지날수록 후끈해졌다. 발그레 상기된 친구들은 피둥피둥 나잇살이 올라 넉넉하게 보였다.

수건을 들고 있는 모습이 샅바를 맬 씨름선수 같아 체급별로 씨름 대회를 하려는데 중량급의 한 선수가 사우나실로 도망가는 바람에 아쉽게도 대회가 무산되었다. 하지만 전속 사진사 친구가 몰래 아슬아슬한 포즈들을 찍어 두었다가 다음 모임에 가지고 나와서 산방산 온천의 즐거움을 한 번 더 만끽하게 해주었다.

우리가 여학생이던 1950, 60년대의 생활상을 재현해 놓고 향수를 불러내는 곳이 있었다. '선녀와 나무꾼'.

연탄난로 위에 양은 도시락을 쌓아 놓고 데워 먹던 교실도 있고 국산 영화 '미워도 다시 한 번'이 상영 되고 있으며 아궁이 곁에 석유난로를 신줏단지처럼 모시던 부엌살림이며, 윗목에 요강을 놓아 두고, 서너 명의 아이들이 한 이불을 덮고 자던 방도 꾸며 놓았다. 그 시대의 추억을 공유하고 있는 친구들이 흐릿한 조명의 디스코장에서 간단히 몸을 풀고, 옛날 시골 장터를 그냥 지나칠 수 없어 주막에 눌러앉았다. 도토리묵을 안주 삼아 막걸릿잔을 돌렸다. 낮술 한다고 흉볼 나이도 흉볼 곳도 아니다. 비록 그 시절로 돌아갈 수는 없어도 지금처럼 내내 건강하기를 바라면서 잔을 들고 "이대로"를 외치며 기분을 마셨다.

마지막 코스로 제주시 연동에 위치한 도립 미술관을 찾았다. 개관한 지 1년여. 미술관 주변을 거울 연못이 감싸고 있었다. 거울 연못은 바다 건너 다다르는 탐라도 저위의 투영이자, 마음을 정갈히 하고 예술작품을 감상하고자 하는 세신洗身의 의식이라고 한다.

개관기념으로 장리석 화백의 개인 소장전을 하고 있었다. 평양이 고향인 장리석은 지난 한국전쟁 당시 제주도에 피난 내려와 5년 동안 살면서 이중섭 홍조명 최영림 등과 함께 그림을 그렸는데 1958년 7회 국전에서 대통령상을 받은 작품 '조롱과 노인'을 포함해서 시가 4억여 원 상당의 작품을 제주도에 기증한 인연이 있기 때문이다.

2층 전시관에서는 '제주도의 바람'이라는 주제로 드센 바람을 맞으며 억척스럽게 살아온 제주도민의 삶을 그려낸 화가들의 풍경화를 전시하고 있다.

그림 속의 바람결이 주변까지 서늘하게 한다.

공항 시간에 맞추느라 '한라수목원' 주차장에 버스를 세우고 울창한 숲길에 들어섰다. 작년 가을에 신종 플루 독감이 유행하면서 전국의 중고생 수학여행이 중지되거나 연기되어, 금년 봄에는 예년보다 두 배가 넘는 수학여행단이 몰려와서 가는 곳마다 학생들이 붐볐다.

남녀 학생들 틈에 끼어 발걸음을 재촉하면서 수목원을 한 바퀴 돌고 나오는데 한 무리 남학생들이 떼 지어 지나가면서

"와-우, 광주여고생들이 왔더라. 빨리 가서 찾아보자."라고 소리 지른다.

꽃갑들이 타고 온 관광버스 앞 유리창에 붙은 '광주여고' 표지를 보았나 보다. 마주치던 할머니들이 반세기도 전의 여고생들이라고 상상이나 하겠는가. '그래, 눈을 부릅뜨고 열심히 찾아보거라.' 하고 웃음을 흘리면서 버스에 올랐다. 손자 같은 고등학생들이 돌아와서 우리 버스를 기웃거리다가 실망하기 전에 서둘러 수목원을 떠났다. 희수 다음에 오는 인생의 마디 77세, 산수 여행을 기대하면서.

투명한 그리움

발행일 2022년 12월 15일 초판 1쇄

지은이 현대문학수필작가회
펴낸이 정연순
디자인 서명지
펴낸곳 나무향
주소 서울 광진구 자양로 28길 34, 드림스페이스 501호
전화 010-2337-2815
팩스 02-457-2815
출판등록 제2017-000052호
메일 namuhyang2815@daum.net
ISBN 979-11-89052-58-4   03810

- 잘못 인쇄된 책은 바꾸어 드립니다
- 이 책은 저작권법에 따라 보호를 받는 저작물이므로 무단 전재와 복제를 금합니다